교사 예수

일러두기

- 《사랑의 교육 희망의 교육》(내일을여는책, 1995) 1부 '예수의 교육학'을 《교사 예수》라는 제목으로 개정하여 출간한 것입니다.

- 저자가 진주교도소에서 1992년 11월 16일부터 12월 11일까지 약 두 달간 쓴 총 10통의 편지를 바탕으로 편집된 것으로, 편지의 수신인이었던 김영숙 선생님을 부르는 부분과 각 편지가 쓰인 날짜와 장소는 생략하였습니다.

- 새로 추가되는 내용은 각주로 처리하였습니다.

- 성경은 《공동 번역 성서 개정판》(대한성서공회)을 사용하였습니다.

위대한 교사 예수의 교육학

교사
Jesus the Teacher
예수

이수호

사부작북스

교육 노동자의 꿈, 사랑이 세상을 구한다

김민웅 | 촛불행동 상임대표, 목사, 은퇴 교수

이수호 선생의 《교사 예수》를 단숨에 읽었다. 그만큼 빨려든다. 그리고 깊은 감동이 가슴에 넘친다. 예수를 교사로 삼아 성찰의 힘을 온전히 새겨주고 있기 때문이다. 한편, 이수호 선생이 현장 교사로, 운동가로 활동했던 시기보다 교육은 교육 기술의 발전과 반대로 더욱 삭막한 상황으로 몰리고 있다. 그런 까닭에 이 책은 오늘날 더욱 빛난다.

군사독재의 억압과 신자유주의의 지배는 교육을 끝도 없이 망가뜨려왔다. 인간의 존엄보다 통치와 지배 대상, 그리고 상품으로 만드는 것이 교육의 목표가 되어왔고, 그 결과 우리는 반(反)지성의 사회가 일상이 되려는 시대를 겪는 중이다. 욕망이 주도하는 교육, 경쟁이 목표가 되는 교육, 재물과 권세를 쥐기 위한 기술로서의 교육은 무수한 아이들을 패배자로 만들고 있으며 출구가 없는 현실은 선동에 취하는 대중 파시즘의 확산까지 가져오고 있다.

이런 현실이 어디 교육에게만 책임이 있겠는가. 그러나 여전히 교육이 답이라는 것을 우리는 확신하게 된다. 긴 시간이 필요하다. 오랜 노력이 요구된다. 깊은 지혜와 굳은 의지가 절실하다. 그러나 교육은 지금도 방황하는 중이다. 중심을 잡지 못하고 있으며, 이제 인공지능 AI 체제까지 미래형 교육이라는 논리도 교육 현장을 기습하고 있는 상황에서 교육의 주체성은 뿌리째 흔들리고 있다.

인간은 사라지고 지식의 껍데기가 주인 노릇을 한다. 그 결과는 초등, 중등교육 12년이라는 금쪽같은 시간이 허비되는 것이다. 인간다운 인간은 사라지고 학습 능력이 높으면 높을수록, 이른바 좋은 학교 출신들이 괴물이 되어 이 나라를 움켜쥐려는 것을 보게 된다. 이런 교육은 여기서 멈춰 세워야 한다.

이수호 선생은 예수로부터 그 실마리를 찾는다. 그의 성서 읽기는 오늘날 무너져 내리고 있는 한국교회의 현실과 전혀 다르다. 그래서 감사하다. 살아있는 예수와 만나는 길이 이 책에 열려 있다. 억압과 암담함이 휩쓸고 있던 2천년 전 고대 팔레스타인의 한복판에서 가당치도 않게 하나님 나라가 가까이 왔다고 외치며, 소수의 제자를 길러낸 예수로 말미암아 이후의 역사는 구원받게 된다. 예수의 말씀과 행동이 없었다면, 그래서 그 기록이 존재하지 않았다면 인류는 지금도 헤매고 있을지 모른다.

우리의 일상이 하나님 나라의 기쁨이 넘치는 세상을 이뤄내는 여정, 그것이 교육이다. 지난 세월 이를 위해 온몸을 던져 고투해 온 이수호 선생의 저작 《교사 예수》는 그래서 오늘날, 이 시대가 반드시 읽어야 할 필독서다. 교육 현장만이 아니라 보통의 시민들이 읽고 깨우치고 이 장엄하면서도 일상적인 운동의 물결에 함께 할 수 있기를 바란다.

교육은 노동이다. 그것은 교육자의 생물학적 노동만이 아니다. 우리 사회 전체가 자기 근육과 체력, 지력을 다해 기획하고 논의하고 실천해야 하는 땀의 과정이다. 그건 그야말로 사랑이다. 교육 노동자 이수호 선생이 정성을 다해 노년의 지혜로 우리에게 베푼 이 일깨움이 우리 사회의 진보에 소중한 씨알이 될 수 있기를 기원하며 이 책을 뜨거운 마음으로 강력히 추천한다.

교사 예수, 사랑과 희망의 교육을 실천하다

송경용 | 성공회 걷는교회 사제, 나눔과 미래 이사장, 한국 노동재단 이사장

저자 이수호 선생님은 전교조 위원장, 민주노총 위원장, 전태일

재단 이사장 등 노동 운동가로 많이 알려졌지만, 이 책을 읽어보면 천생 교사라는 것을 알게 됩니다. 이수호 선생님에게 교사는 단순한 직업이 아니었습니다. 그의 소망이었고, 기도였으며, 존재 이유였습니다. 거리에서도, 감옥 안에서도 그의 관심은 언제나 교실이었고, 교육이었으며 학생이었습니다.

이수호 선생님께서 특별히 성서 말씀을 통해, 예수를 교사로 이해하시면서 쓰신 글에 대해 평과 수정을 요청하셨지만, 글을 읽는 내내 감동에 겨워 단 한 줄도 덧붙일 구절을 찾지 못했습니다. 어떤 신학자, 성직자보다도 깊이 있고 감수성 넘치는 성경 해석과 해설을 읽으실 수 있을 것이라 자신하며 이 책 전반에 대한 제 나름의 감상을 전합니다.

첫 번째, 이 책은 교육의 본질을 되새기게 합니다. 저자는 예수 그리스도를 '교사'라는 관점에서 재해석합니다. 예수는 단순히 종교 지도자가 아니라, 인간의 내면을 깨우고 삶의 방향을 제시하는 위대한 교육자였습니다. 그의 가르침은 지식 전달에 그치지 않고, 제자들과의 관계 속에서 사랑과 신뢰를 바탕으로 깊은 교감을 이루었습니다. 이 책은 이러한 예수의 교육 방식을 현대 교육 현장에 적용할 수 있는 통찰로 풀어냅니다. 특히, 교사와 학생 간의 관계를 단순한 지식 전수 관계가 아닌, 서로를 존중하고 이해하는 '인간적 관계'로 재정의합니다. 이는 오늘날 경쟁과 성적 중심의 교육 풍토에서 점점 잊히는 교육의 본질을 되새기게 합니다.

두 번째, 저자는 예수의 사랑과 희망의 메시지를 현대 교육에 접목합니다. 예수는 누구보다도 약자와 소외된 이들을 향한 따뜻한 시선과 배려로 가득 차 있었습니다. 그의 교육은 단순히 지식을 전달하는 데 그치지 않고, 학생들의 마음을 치유하고 그들이 자신의 가치를 깨닫도록 이끄는 데 초점을 맞췄습니다. 이 책은 이러한 예수의 교육 철학을 오늘날의 교실에 적용할 수 있는 구체적인 방법들로 제시합니다. 예를 들어, 학생 한 명 한 명의 고유한 가치를 발견하고 존중하는 것, 실수를 통해 배우는 과정을 중시하는 것, 그리고 공감과 이해를 바탕으로 한 소통의 중요성 등입니다. 이러한 메시지는 교사들에게 단순히 가르치는 일을 넘어, 학생들의 삶에 희망을 심어주는 사명감을 일깨워줍니다.

세 번째, 교사의 역할을 재조명합니다. 교사 예수는 교사의 역할을 단순한 지식 전달자에서 삶의 안내자로 확장합니다. 예수는 제자들에게 지식을 가르치는 동시에, 그들이 세상을 바라보는 눈을 열어주고 삶의 의미를 깨닫도록 이끌었습니다. 이 책은 이러한 예수의 모습을 통해, 학생들의 꿈과 희망을 키워주는 조력자이자 동반자로서 교사의 역할을 강조합니다. 특히, 교사가 학생들의 잠재력을 믿고 그들이 자신의 길을 찾을 수 있도록 돕는 과정에서 진정한 교육의 가치가 실현된다는 점을 설득력 있게 전달합니다. 이는 교사들에게 새로운 사명감을 부여하고, 교육 현장에서의 실천적 변화를 촉구하는 강력한 메시지로 다가옵니다.

네 번째, 《교사 예수》는 단순히 이론적 담론에 그치지 않고, 현실적인 적용 가능성을 고려한 실용적인 책입니다. 이수호 선생은 예수의 교육 방식을 현대 교육 현장에 어떻게 적용할 수 있는지 구체적인 사례와 함께 제시합니다. 예를 들어, 학생들과의 신뢰 관계를 구축하는 방법, 수업 시간에 공감과 소통을 이끌어내는 기술, 그리고 학생들의 다양한 개성을 존중하는 교실 문화를 만드는 방법 등을 다룹니다. 이러한 내용들은 교사들이 일상적으로 마주치는 문제들을 해결하는 데 실질적인 도움을 줄 뿐 아니라, 교육의 질을 높이는 데 기여할 수 있는 유용한 지침을 제공합니다.

《교사 예수》는 단순한 교육학 서적을 넘어, 인간의 영혼을 깨우고 세상을 변화시키는 힘을 지닌 책입니다. 저자는 예수 그리스도의 삶과 가르침을 통해 사랑과 희망의 교육을 실천하는 교사의 모습을 생생하게 그려내며, 독자들에게 깊은 감동과 영감을 선사합니다. 이 책은 교사들에게는 물론, 교육에 관심이 있는 모든 이들에게 교육의 본질을 되새기게 하고, 더 나은 교육을 위한 실천적 지혜를 제공할 것입니다. 교사 예수는 단순히 읽는 책이 아니라, 마음속에 새기고 실천하며 나누어야 할 소중한 지침서입니다. 이 책이 더 많은 이들에게 사랑과 희망의 메시지를 전파하며, 교육 현장에 새로운 변화를 일으키는 계기가 되길 진심으로 바랍니다.

교사 이수호가 만난 교사 예수

양재성 | 목사, 농부, 가재울녹색교회 공동목회자, 감리회생태목회연구소 상임이사

이수호 선생의 교사 예수를 읽고 깊은 감동을 받았다. 이 책은 교사인 저자가 전교조 합법화 투쟁을 하다가 감옥에 갇혀 있을 때 성경 한 권을 놓고 기도와 묵상으로 쓴 내용이다. 예수는 다양한 모습으로 자신을 드러냈다. 예언자, 이야기꾼, 시인, 치유자, 기적을 일으키는 자, 하나님의 아들, '메시아' 즉 구원자, 지혜로운 현자, 영성가, 때로는 혁명가, '랍비' 즉 스승으로 알려졌다. 그중 교사는 예수의 여러 모습 중에 백미로 몸을 입고 사신

역사의 예수를 잘 보여준다. 예수의 삶과 가르침을 교육학 이론에 따라 교육의 목적, 가치, 방법론 등 다양한 각도에서 잘 정리해주어, 마치 교사 예수의 전기를 읽는 느낌이었다. 그가 얼마나 치열하게 교사의 자세와 교육에 대해 고민했는지 알 수 있다. 이 책은 이수호 선생이 교사라는 자기 정체성을 확고히 함이며 후배 교사들에게 전하는 절실한 당부이다.

나는 "사유의 힘을 길러 주는 것"이 교육의 목적이라 알고 있다. 이수호 선생은 교육의 목적을 사람-만남-관계-회복 등 사람됨 즉 인간화라 보았다. 인간은 신이 되려고 했지만, 예수는 진정 인간이 되고자 했다. 예수가 지향한 인간은 어떤 인간인가? 하나님을 신뢰하고 하나님의 뜻을 온전히 받아들여 그 뜻대로 오롯이 살아가는 인간이다. 자연의 질서를 소중히 여기고 그 질서 안에서 이웃 생명들과 더불어 행복하게 살아가는 인간이다. 하나님의 뜻에 자신의 생을 걸고 하나님의 심부름꾼으로 살아가는 인간이다. 예수는 그 길을 걸었고 제자들을 불러 그 길을 걷자고 제안하셨고 그 길을 끝까지 걷길 당부하셨다.

누군가는 예수를 교사로 보는 것이 불경하다 할지도 모른다. 하지만 교사 예수는 예수를 가장 잘 표현하고 있다. 이수호 선생은 예수의 주옥같은 가르침들을 다시 불러내 예수의 교육학을 완성했다. 이는 저자가 참된 그리스도인이기에 가능한 일이다. 더불어 시인이며 혁명가요 교사인 이수호 선생이 역시 시인이며 혁명가요 교사인 예수를 만난 것은 놀라운 은총이다. 책을 읽는 내내 그의 설렘이 가슴을 덥혀왔다. 오랜만에 맛보는 훈훈함이다. 이수호 선생이 사회 대변혁을 꾸는 혁명가이면서도 흔들리지 않고 제 길을 갈 수 있었던 것은 그의 신앙 내공 때문이다.

종교가 가장 높은 가르침, 으뜸 가르침이라면 기독교는 예수의 가르침이 가장 으뜸이 되는 가르침임을 믿는 공동체다. 그런 의미에서 이 책은 기독교의 정수를 잘 드러낸다. 교육이 살아야 사회 개혁도 가능하다. 집단 지성을 요하는 시대에 경쟁 교육의 폐단을 넘어 저마다 아름다움을 실현하는 자유로운 인간으로 자라게 돕는 일은 너무나 소중한 일이다. 교사의 정체성으로 평생을 살아온 그에게 고마움을 전하며 아낌없는 박수를 보낸다.

예수는 참교사였습니다

김영숙 | 은퇴 교사, 전 충남 부여군 석정중학교 근무

처음 이 책이 나오게 된 배경은 이수호 선생님께서 저에게 보내

주신 봉함엽서에 쓰신 편지였습니다. 벌써 30년이 훌쩍 넘었네요. 좁은 감옥 안에서 얼마나 많은 얘기를 하고 싶었을까? 어떻게 피 끓는 감정을 다독였을까? 선생님은 공관복음을 읽으며 예수의 말과 행적을 묵상하면서 교사로서 예수의 모습을 통해 자신의 모습을 반추하고, 또 대한민국 교육이 나아갈 방향과 과제를 저에게 적어 보내셨습니다. 저 역시 교사로서 선생님이 보내주신 편지를 읽고 답장하며 함께 고민하고 기도했던 시간들이었습니다.

선생님은 책에서 우리나라 교육의 어려움을 이기는 길은 '관계의 회복'이라며 '만남의 회복'과 '사람의 회복'을 강조하셨습니다. 가르치는 과정에서 교사와 학생의 관계를 중요하게 여기며 예수님의 행보를 교사의 자리로 바꾸어 놓고 있습니다. 또한 예수님이 보여준 제자를 대하는 태도, 가르쳐야 하는 마음, 실천하는 양심에 관해 이야기하셨습니다. 기독교인이 아니더라도 이 땅의 교육에 관심 있는 이들이라면 누구나 이해하고 받아들일 수 있는 내용입니다.

예수님은 일하는 사람과 겸손한 사람 그리고 자기의 모든 것을 버린 사람을 제자로 받아들였습니다. 아흔아홉 마리의 양을 그냥 두고 길 잃은 한 마리 양을 찾아 나서는 목자의 모습은 참교사의 자세입니다. 제자의 발을 씻기며 자기를 낮추는 태도 역시 교사가 갖춰야 할 품성입니다. 오랜만에 이 책을 다시 읽으며 예수님의 말씀과 성경 구절을 통해 교사의 자세와 교육의 본질을 다시 생각해보는 시간이었습니다.

"마음이 가난한 사람은 행복하다. 하늘나라가 그들의 것이다. 슬퍼하는 사람은 행복하다. 그들은 위로를 받을 것이다."
(마태오 5:3-4)

위로하는 마음은 어려운 상황에 처한 이들에게 견디는 힘으로 전달되고, 그것은 살아가는 용기로 바뀔 수 있습니다. 선생님께서는 교육자는 약한 편과 소외된 사람들의 곁에서 위로할 준비를 하고 있어야 한다고 강조합니다.

"내가 어두운 데서 말하는 것을 너희는 밝은 데서 말하고, 귀에 대고 속삭이는 말을 지붕 위에서 외쳐라." (마태오 10:27)

배움이 앎으로 끝나는 것이 아니라, 실천으로 이어지는 것이 중요합니다. 이 책을 읽으면서 예수님을 교사로 바라보는 태도가 교육학적으로 큰 의미가 있다는 생각이 들었습니다. 또한 성경에 교사의 태도를 설명하는 내용이 많다는 것을 새삼 느꼈습니다.

긴 세월 교육 운동에 힘써오면서 성경 말씀을 실천하려고 노력하신 이수호 선생님의 《교사 예수》의 출간이 무척 반갑습니다. 가르치는 사람은 물론이고 배우는 이들이 함께 읽어도 좋습니다. 여러 차례 무릎을 치거나 고개를 끄덕이면서 읽었습니다. 교사의 자리를 나의 자리로 바꾸어 읽어도 많은 깨달음이 밀려올 것으로 믿습니다.

인류의 참 스승이셨던 예수님의 발자취를 좇아
홍진기 | 제자, 이화외고 교사

이수호 선생님께서 0.7평 독방에서 이 책의 초고가 될 편지를 쓰시던 당시와 비교하면, 한국 사회는 놀라운 성장을 했고, 교육 환경은 꾸준히 개선되었습니다. 하지만 여전히 학교 현실은 명문대 진학이 최고의 가치이고, 많은 교사, 학생, 학부모는 입시 전쟁의 승자가 되기 위해 하루하루 고단한 전투를 치르고 있습니다.

저는 이수호 선생님께서 해직 전 담임을 맡으셨던 1986년 인문계 고등학교 3학년 담임 반 학생이었습니다. 그리고 지금 저는 서울 소재 특목고에서 27년째 근무하고 있는 교사입니다. 교사를 꿈꾸던 나에게 선생님은 제가 닮고 싶었던, 너새니얼 호손의 소설에 나오는 '큰 바위 얼굴'이었습니다. 그런 선생님께서 못난이 제자에게 A/S 해주시려고 이 책을 건네주셨습니다.

처음 교단에 설 때 동료 교사들과 같은 꿈을 나누며, 학생들에게 희망을 이야기하는 교사가 되겠다고 마음먹은 치기 어린 교사는, 30여 년이 지난 오늘도 교단에서 학생들을 만나고 있습니다. 학급 모의고사 성적이 크게 떨어지면, 누가 뭐라고 지적하는 것도 아닌데 담임인 내가 놓친 건 없는지 자기 검열을 합니다. 최근에는 학급 상담 중에 내신 성적이 나빠서 일반고로 전학을 가고 싶다는 학생을 전학 보내는 게 맞는지, 전학을 간다면 언제 보내는 게 좋을지 벌써 일주일째 고민 중입니다. 소위 명문대 수시전형 진학 가능성이 낮으니 정시를 준비하겠다며 수능 과목(국영수) 기출 문제집만 풀며 수업을 등한시하는 고3 학생을 어떻게 지도할지 동료 선생님들과 정답 없는 이야기를 나누기도 합니다. 학원 숙제하느라 학교 수행 과제 제출을 미루는 학생들이 점점 늘어가는데, 오늘도 '스트레스로 인한 자해와 자살 방지 교육'을 강화하라는 교육청 공문이 내려왔습니다.

아침에 학교로 출근하며 '학생들에게 상처받지 않는 하루', '누군가를 미워하지 않는 하루'가 되기를 기도하는 평범한 교사(지식 소매업자)가 되어버린 나를 발견합니다. 저와 같이 현실의 벽에 부딪혀 초심을 잃고 일상에 매몰되어가는 대한민국의 지극히 평범한 선생님들과 같이 이 책을 나누고 싶습니다. 좋은 교사가 되고 싶은 마음을 가득 안고 교단에 서는 새내기 선생님들과 같이 나누고 싶은 책이기도 합니다. 이 책은 참교사의 모습을 몸소 실천으로 보여주신 예수님의 교육학 원론서입니다. 인류의 큰 스승이신 예수님의 발자취를 따라가며, 이 책을 통해 그동안 잃어버렸던 참된 교사의 길을 찾기를 기원합니다.

성자 예수님의 일대기를 읽으며 자칫 '교직(敎職)은 성직(聖職)'이라는 뻔한 명제에 매몰되지 않도록, 모든 이야기를 인간에 대한 사랑으로 시작하여 사랑으로 매조지하여 일개의 직업인으로 살아가고 있는 저와 같은 교사들에게 다시금 신발 끈 질끈 묶고 자신있게 교단에 서도 된다고 격려하고 있습니다.

1986년 3월 3일을 기억합니다. 우리 3학년 5반 교실 문을 열고 새 담임 이수호 선생님이 들어오실 때, 기대와 설렘이 가득했던 학급 전체는 일제히 함성을 질렀습니다. "만세!" 그날 첫 조회 시간에 선생님께서는 '만남'의 소중함을 이야기하셨습니다. '스승과 제자의 만남', '함께 같은 길을 걷는 친구와의 만남', '졸업 후 나아가야 할 세상과의 만남'의 소중한 만남. 저보다 먼저 교사의 길을 가시며, 먼저 겪고 먼저 고민하시며 먼저 답을 찾으시려 노력하셨던 선생님의 경험이 녹아있는 책 '교사 예수'와의 만남을 통해 첫 조회 시간의 가르침을 오늘까지 이어주시는 '제겐 영원한 큰 바위 얼굴' 이수호 선생님께 고마움에 마음을 전합니다.

선생님일 때 가장 빛난 나의 은사

심재국 | 제자, 도시 및 지역계획 학 박사, 동인지앤디 대표, 《메타버스 시티》 저자

이수호 선생님은 고등학교 시절 나의 은사이며, 주례 선생님이기
도 하다. 이 책의 초판이 출간될 무렵인 1994년 나는 결혼을 했
다. 형사 두 명을 대동한 채 결혼식장에 들어오시던 선생님의 모
습이 눈에 선하다. 험난했던 우리나라 현대사가 선생님을 사회
운동가로 내몰지 않았다면, 선생님은 더 많은 제자의 존경을 받
으며 교단에 서셨을 것이다. 선생님은 전교조와 민주노총, 전태
일재단 이사장 등 많은 사회활동을 하셔서 맨 앞에서 구호를 외
치는 운동가로서 사람들의 기억에 주로 남아있겠지만, 우리 제
자들에게 선생님의 그런 모습은 낯설다. 우리에게 선생님은 교
단에서 학생들을 보살피는 교사로서의 모습이 더욱 선생님답다
는 것을 잘 알고 있기 때문이다.

　내가 고등학교에 다니던 1980년대 초만 하더라도, 영화 '말
죽거리 잔혹사'에서처럼 학교에서 욕설과 비하, 폭력이 당연시되
던 시기였다. 미션스쿨이던 우리 학교는 조금 나았지만, 그렇다

고 크게 다르지도 않았다.

그 시절, 선생님은 늘 부족한 학생들의 편에 서셨다. 잘살고 공부 잘하는 아이들보다 형편이 어렵고 말썽부리는 학생들에게 관심을 갖고, 그들의 든든한 뒷배경이 되기를 주저하지 않으셨다. 한번은 소위 일진 학생이 선생님께 큰 실수를 한 적이 있었다. 선생님은 화가 나셨고, 심한 체벌이 있다 해도 이상하지 않은 상황이었다. 그때 화가 머리끝까지 나신 선생님께서 그 학생에게 이렇게 소리치셨다.

"야! 이 복 받을 사람아!"

교실은 한동안 정적에 휩싸였고, 이 이야기는 아직도 제자들 사이에서 회자되고 있다. 이 책 '교사 예수'에는 참교사로서 저자의 삶이 그대로 투영되어 있다. 나는 이 책이 교육행정가와 교사들에게 많이 읽히길 희망한다. 그들이 이 책을 읽음으로써, 인구감소로 줄어드는 학생 수, 그래서 귀한 대접을 받고 싶어 하는 학생들이 가득한 오늘날, 그들을 온전한 인격체로 성장시킬 참교사가 되길 희망한다. 또, 교사가 두려움 없이 교단에 설 수 있는 교육시스템이 안착하길 기원한다. 무엇보다, 이 책을 통해 학교가 미래를 위한 창조 인재를 배출하는 진정한 교육의 장으로 발전할 수 있는 촉매제가 되기를 소망해 본다.

역시 핵심은 교사입니다

우리나라 교육이 문제가 많다는 것은 누구나 동의하는 사실입니다. 심각한 부의 불평등 속에서 인문학적 관점의 사유가 없는 입시 중심의 경쟁교육은 나날이 심해져 학교 교육은 길을 잃고 실질적 교육은 야수처럼 비대한 사교육이 차지하고 말았습니다. 대학마저 취업 시장으로 전락해 버렸으니 더 말해 무얼 하겠습니까?

윤석열 대통령을 비상계엄이라는 망상에 빠지게 한 의사 증원을 둘러싼 의정 갈등도 잘못된 문·이과, 이른바 최고 엘리트 집단의 충돌로 보이며 결국은 파시즘으로 치닫고 있습니다. 타협이나 양보는 없고 오로지 나만이 옳고 내 생각대로만 해야 한다는 것입니다. 불행히도 이런 왜곡된 엘리트를 길러내는 것이 우리 교육의 현실이고, 그 결과를 우리는 아픈 눈으로 바라보고 있습니다.

이러한 음습한 교육 현장에서 돋아난 독버섯 같은 학교폭력과 과도한 학부모 개입 등으로 교사의 정상적인 교육 활동마저 어려워졌습니다. 이 상황에서 가장 큰 피해자는 학생일 수밖에 없고 사회는 병들어가고 나라는 흔들리는 현실이 됐습니다.

이런 일이 생길 때마다 교사들은 주눅이 듭니다. 스스로 해결하기 힘든 어려운 일을 당한 젊은 교사는 혼자 고민하고 고통스러워하다가 극단적 선택까지 하는 지경이 되고 말았습니다. 마치 모든 책임이 교사 자신에게 있는 것처럼 스스로 죄인이 됩니다. 교사에게 학교가 매일 즐겁게 출근하는 활기찬 일터가 아니라 오늘도 무사하기를 바라는 위험 지역이 됐습니다.

이른바 디지털혁명 시대로 요약되는 지식 기반의 정보통신 시대로의 변환기에 가장 심하게 휘둘리고 있는 곳

또한 학교입니다. 최근 졸속으로 도입하려는 AI 교과서 문제에 이르러서는 교사의 역할이나 설 자리까지 걱정해야 하는 지경에 이르렀습니다.

억지 춘향이나 의무감으로 하루 중 가장 긴 시간을 컴퓨터 앞에 앉아 있는 교사들의 어깨는 무겁기만 하고 빠르게 변화하는 세태 속에서 교사들의 정체성도 흔들리고 있습니다.

역사와 민족의 현실 앞에서 다시 묻습니다.

'이 시대의 교육은 과연 어떠해야 하며, 이 시대의 교사는 또 누구여야 하는가?'

이런 잘못된 교육을 고치기 위한 여러 처방과 실현의 시도가 없었던 건 아닙니다. 그러나 그때마다 어려운 과제를 하나 더 추가하는 일 외에 해결되는 것은 없었습니다.

그래서 많은 전문가들이 우리나라의 교육을 바로 세우는 길은 혁명뿐이라며 교육혁명을 부르짖고 있지만 혁명이 그리 쉬운 일이 아니라는 건 누구나 아는 사실입니다.

그러면 어떻게 해야 할까요? 그런데도 포기할 수 없는

이 교육을 누가, 어떻게, 제대로 바로 잡아가야 할까요?

역시 교사입니다. 어쩔 수 없이 교사입니다. 교육은 시설도 필요하고, 교과서도 있어야 하고, 법과 제도도 따라와야 하지만 가장 먼저가 교사입니다. 교사가 시대에 맞는 정체성을 확립하고 참 인간의 모습으로 학생 앞에 설 때 참교육은 가능하기 때문입니다.

그렇습니다. 교사가 제자리를 잡아 제 역할을 제대로 하는 것, 그것이 총체적으로 위기에 빠진 우리 교육을 다시 살리는 첫 번째 일입니다. 이러한 생각은 제가 교사 생활을 시작하던 그때나 지금이나 변함이 없습니다.

교사의 역할을 뒷받침할 구조의 문제나 정책, 여건 등을 무시하자는 것은 아닙니다. 이런 것들 역시 교사가 싸워서 만들어 가야 할 것들이지, 누가 그냥 가져다 주지 않습니다. 당 시대의 교육 현실 속에서 끊임없이 이 모든 것에 도전하며 철저히 준비하여 아이들 앞에 당당히 서야 할 사람이 교사이기 때문입니다.

제가 젊은 교사이던 1970-80년대도 마찬가지였습니

다. 아니 지금보다 훨씬 더 어려운 상황이었습니다. 이승만 독재에 이어 박정희, 전두환 군사독재가 이어지던 때이니 말해 무얼 하겠습니까? 국가 중심의 철저한 관료 체제 아래 학교는 차별과 폭력이 난무하고 촌지라는 이름의 돈봉투가 공공연히 횡횡하던 때였으니까요.

이런 관점에서 저는 교사 노릇을 제대로 해 보려고 몸부림쳤습니다. 참교육 운동에 뛰어들고 뜻을 같이하는 교사들과 전교조를 결성한 것도 그 일환이었습니다. 그러나 돌아온 것은 감옥행이었습니다.

감옥에서 교사로서의 나 자신을 다시 돌아보며 새롭게 선배 교사인 예수를 만났습니다. 성경의 역사적 예수에 대한 기록을, 관점을 가지고 꼼꼼히 읽으며 정리해 보고 싶었는데 당시 감옥의 규정은 하루에 한 통 봉함엽서에 편지를 쓰는 것 외는 아무것도 쓸 수가 없었습니다. 0.7 평짜리 독방에서 참고할 자료도 없이 문익환 목사님 등이 주도해서 가톨릭과 개신교가 함께 번역한 《공동 번역 성경》 한 권을 놓고 기도하며 쓸 수밖에 없었습니다.

현장에 계신 한 선생님께 편지 형식으로 썼는데 당시

충남의 한 학교에 근무하시던 김영숙 선생님이 기꺼이 받아서 읽어주시고 자기 생각이나 느낌까지 학교 현장 소식과 함께 보내주셔서 갇힌 나에게는 그보다 더 좋을 수가 없었습니다. 그렇게 쓴 것이 이 책의 초고입니다.

출옥하여 전교조로 복귀하여 조직 활동과 복직 운동을 하며 이 글을 포함하여 제가 감옥에서 쓴 다른 편지 글들과 재판을 받으며 쓴 최후진술서나 항소이유서 등을 묶어서 낸 책이 《사랑의 교육 희망의 교육》(내일을 여는 책, 1995)입니다.

그 뒤 저는 선린 정보산업 고등학교(현 선린 인터넷 고등학교)에 복직했으나 당시 여러 형편으로 학교에 계속 근무하지 못하고, 2009년 3월 민주노동당 비상대책위원회 혁신재창당위원장을 맡아 자진 사직할 때까지 파견 형식으로 민주노총 사무총장, 전교조 위원장, 민주노총 위원장의 역할을 할 수밖에 없었습니다.

그러나 저는 노동조합이나 진보 정당에서 이런저런 역할을 할 때는 말할 것도 없고, 그 뒤 시민사회운동 차원에서 맡았던 갈등해결센터, 이주노동희망센터, 전태일재단에서의 역할이나 지금 맡고 있는 노동공제연합 (사)풀빵의 상임 이사장도 교사의 한 역할로 수행하고 있습니다.

저는 언제나 그 시대의 교사로 시대가 제게 부여한 교사의 소명을 성실히 수행하며 살고 있습니다. 그것이 저의 사회적 존재 이유이자 자부심이요 자랑이기도 합니다.

천생 교사일 수밖에 없는 저도 어쩔 수 없이 늙은 교사가 됐습니다. 가끔 후배 교사가 묻습니다.

"선배님! 이런 시대에는 어떻게 교사 노릇을 해야 하나요?"

나름 푸른 꿈을 안고 교사가 된 젊은 선생님의 안타까운 호소도 듣습니다. 자신 있게 대답하지 못하는 자신이 몹시 안타까웠습니다.

"내게 와서 나를 보고 나를 배워라."

제자들에게 자신 있게 말하던 대선배이신 그분이 생각났습니다. 그래서 인류의 큰 스승 예수를 교사로 다시 만나 보기로 했습니다. 교사인 제가 젊은 날 감옥에서 만났던 '교사 예수' 그분을 지금 젊은 교사들이 만나 봤으면 좋겠습니다. 어떤 어려움 속에서도 꺾이지 않는 사랑과 희망의 메시지를 그분의 생생한 목소리와 실천적 삶을 통해 들었으면 좋겠습니다. 그래서 스스로 사랑과 희망의 교사가 되었으면 좋겠습니다.

새롭게 책으로 엮으며 격려하며 함께해 주신 모든 분께 고마운 인사 드립니다. 추천사를 써 주신 김민웅 목사님, 송경용 신부님, 안재성 목사님, 김영숙 선생님, 제자 홍진기와 심재국, 이제는 중견 교사가 된 아들 이한맘에게 감사드립니다. 이렇게 예쁜 책으로 다시 나올 수 있도록 용기를 주고 낡은 원고를 정리하며 애써 주신 사부작 출판사 최지설 님 두루두루 고맙습니다. 마지막으로 보잘것없는 이 책을 지금 이 시각에도 어려운 여건 속에서 고민하며 사랑과 희망의 끈을 놓지 않고 매일 아이들을 뜨겁게 만나고 있는 이 땅의 모든 교사에게 바칩니다.

2025년 2월 입춘 날
펄펄 내리는 눈발 속에서 새봄을 기다리며
이수호

사랑과 희망의 회복을 위하여

저에게 그런 때가 있었습니다. 사연 대신 보내준 한 편의 시를 읽으며 가장 순결한 마음이 되던 때입니다. 그리움이 사랑으로 소용돌이치고, 드디어는 희망으로 봇물되어 넘치던 때입니다. 그래서 가장 자유로울 때였습니다. 요즘 주변에서 많이 힘들어하는 사람들을 봅니다. 저 자신도 힘든 게 사실입니다. 더욱 답답하고 안타까운 것은 우리가 '그 힘'의 실체를 잘 알지 못한다는 데 있습니다.

되돌아보면, 전교조 결성 당시인 1989년은 지금보다 훨씬 어려운 시기였습니다. 그 뒤 1990년대 전반을 거치면서 주관적, 객관적인 조건이 지금보다 좋았던 때는 없었습니다. 그런데 어려움을 느끼는 정도는 갈수록 심해지니 알 수 없는 노릇입니다.

아, 그렇군요. 저는 지금 매시기를 객관적 조건으로만 비교했군요. '사람', 사람이 빠졌습니다! 그것을 받아들이는 사람의 마음이 변하고 있다는 사실을 잠시 잊었던 것 같습니다. 아니, 그 사람의 기대와 요구가 점점 커지고 있다는 중요한 사실을 계산에 넣지 않았습니다.

1989년 이후, 지난 6년 우리의 '애씀'의 결과가 아무것도 손에 잡히지 않는다면 누가 힘들어하지 않을 수 있겠습니까? 사람들은 저에게 가끔 묻곤 합니다. '그때 당신은 얼마나 어려웠느냐?' 대답이 궁해지면서 '자유'에 대해 생각해 봅니다. 자유는 물리적 조건보다 더 큰 개념이라는 사실을 설명하기 어렵습니다. 그러나 그때 제가 느끼고 누렸던 그 자유는 또한 사실입니다. 역시 '사람'으로밖에 이해할 수 없는 그 무엇이 있는 것 같습니다.

그렇습니다. 결국, 사람의 문제입니다. 그러니까 또

답답해지네요. 그러면 '사람이란 도대체 무엇이냐?'는 질문의 벽 앞에 서게 됩니다. 제가 지난 시기를 통해 얻은 나름의 결론(지금까지의)에 따르면 사람의 동의어는 바로 '만남'입니다. 또 다른 표현은 '관계'입니다. 그것은 또한 아주 구체적이고 인격적임을 전제로 하는 것이지요. 그렇게 생각해 보니 더욱 그렇군요. 그때가 저에게 가장 자유로웠던 만남이 있었던 것이요, 그것은 저 자신이 사람이었던 까닭입니다.

지금 우리가 어려운 것은 만남의 상실 때문이 아닌가 생각해 봅니다. 그것은 인간의 상실이요, 관계의 상실입니다. 그리움의 상실이요, 안타까움의 상실입니다. 또한, 사랑의 상실이요, 자유의 상실입니다. 그래서 희망의 상실입니다. 희망을 잃어버리고 누가 힘들어하지 않겠습니까?

감옥이 힘들지 않다는 말은 거짓입니다. 갇혀 있기 때문입니다. 중요한 것은 '갇힘'입니다. 우리가 얼마나 갇혀 있는가 하는 문제입니다. 갇혀 있다는 것은 만남의 차단입니다. 만남의 차단은 사람의 차단을 뜻하는 것입니다. 결국, 감옥도 사람 문제입니다. 제가 감옥에서 만난 많은 사람을 다 열거할 수 없습니다. 책 속에서 만난 사람까지 포함한다면 더욱 많아지겠지요. 정말 행복했습니다. 만나는 구체적인 방법은 두 가지밖에 없었지만, 저에겐 접견보다 오히려 편지가 살뜰했지요. 정말 많은 사람이 저를 만나주었습니다. 그 고마움을 무엇으로 갚아야 합니까? 결국, 저는 또 사랑의 채무자가 되어버렸습니다.

빚도 재산이요, 사랑의 빚은 져도 된다는 예수의 가르침에서 위로를 받습니다만, 빚은 꼭 갚아야 한다는 부담이 그 만남의 관계를 유지하는 끈이 되는 것 같아, 늘 마음의 장부에 기록해 두고 가끔 꺼내 보며 혼자 미소 짓습니다.

그렇습니다. 어려움을 이기는 길은 관계의 회복입니다. 만남의 회복이요, 사람의 회복입니다. 그것만이 감옥에서 탈출하는 길입니다. 탈출은 해방이요, 자유입니다. 자유를 회복하는 것이 사람의 본성을 회복하는 일입니다. 모든 갇힘에서 탈출하여 끊임없이 자유의 하늘로 날아오르는 존재, 그것이 사람입니다. 그것을 위해 사람은 삽니다.

한국 기독교에서는 올해 1995년을 '희년(禧年)'으로 선포했습니다. 그것은 모든 것의 원상회복을 의미합니다. 조국 분단 50년째, 그 갈라진 조국이 하나로 회복되는 해입니다. 그것도 결국 사람의 회복입니다. 회복되어야 합니다. 모든 관계가 회복되어야 합니다. 그리움이 회복되어야 합니다. 눈물이 회복되어야 합니다. 따뜻함이 회복되고 아름다움이 회복되어야 합니다. 자유가 회복되고, 사랑이 회복되고, 희망이 회복되어야 합니다.

이 초라한 글들을 차가운 마룻장 위에서 손을 불어 가며 자유와 사랑과 희망을 위해 썼습니다. 그 회복을 위해 썼습니다. 만남을 위해, 사람을 위해 썼습니다. 그것만이 제가 감옥 안에서 자유로울 수 있는 유일한 길이었습니다. '만남'이 없었더라면 이 글들이 한 줄도 쓰일 수 없었음을 고백하며, 특히 이 편지들을 있게 한 김영숙 선생님과 그의 남편인 최교진 선생님께 감사드립니다. 내 감옥의 철문을 그 따뜻한 마음으로 항상 열어 주시던 어

머니, 막내의 아픔을 한으로 품고 돌아가신 어머니께 이
책을 바칩니다.

1995년 2월 새벽

한내 마을 동녘 끝에서

이수호

예수의 교육학

（1장）

살아있는 예수

예수는 살아 있습니다. 그는 2천여 년 전 중동 팔레스
타인 땅에서 살다 간 한 젊은이가 아닙니다. 또한 예수
는 금박의 가죽 표지에 싸인 성경책 속에 갇혀 있지도 않
습니다. 으리으리하게 지은 대형 교회나 밤이면 네온사
인으로 붉게 반짝이는 그 수많은 십자가의 불빛 속에만
있는 것도 아닙니다.

오늘 예수는 헐벗고 굶주리고 병든 또한 정의를 위해
싸우다가 고통당하는 많은 민중 사이에 있습니다. 2천
여 년 전에도 그가 그렇게 사랑하고 함께 하려고 했던

가난한 사람들 사이에 살아 있습니다.

예수는 신앙의 교리 속에서 원죄의 중보자로만 살아 있지는 않습니다. 외세를 몰아내고 나라를 되찾으려는 독립운동가로, 사회를 변혁시켜 민중을 해방하려는 혁명가로, 제자를 가르치고 진리의 복음을 온 국민에게 전하는 교사로, 또한 언제나 따뜻한 미소로 위로하고 뜨거운 눈물로 상처를 어루만져 주는 우리의 다정한 이웃으로 예수는 살아 있습니다.

참교사로서 예수의 모습, 예수의 삶은 이 척박한 땅에서 몇몇 아이들에게라도 올바른 삶을 가르쳐 보아야겠다고 다짐하는 교사인 저에게는 한 권의 살아 있는 교과서였습니다. 저는 이번에 다시 구속되어 재판받으며 1심 최후 진술에서 참으로 솔직히 고백할 수밖에 없었습니다. 그것은 서울구치소 0.7평짜리 독방에서 저 자신을 수없이 돌아보며 자문했던 '나는 왜 이렇게 갇혀 있어야 하고 또 법정에 서야만 하는가?'에 대한 대답이기도 했습니다.

"내가 교실에서 아이들을 가르치고 있어야 할 이 시간

에 푸른 수의를 입고 이렇게 법정에 서게 된 것은 두 가지 이유에서입니다. 첫째는 한 기독인으로서 참교사인 예수를 따라 배우고 예수처럼 살려고 한 것이요, 둘째는 이 나라의 교사로서 적어도 내가 가르치는 교과서 내용대로 먼저 실천하며 살아야 한다는 신념 때문이었습니다."

갇혀 있는 교사

저는 어려서부터 기독교 가정에서 자랐습니다. 교회에 얼마나 잘 출석하였느냐와는 상관없이 저는 예수와 늘 함께 생활해 왔습니다. 예수는 언제나 우리 가족의 밥상 머리에 앉아 계셨고 저의 모든 삶 속에 함께 있었습니다. 그는 제가 힘들어할 때 위로와 용기를 주었고 제가 혹시 잘못된 길로 가려 할 때 손을 잡아 주고 꾸짖어 주었습니다. 제가 교사가 되기로 했을 때도 그는 함께 있었고, 제가 교사가 되어 교단에 섰을 때도 거기에 함께 있었습니다. 저는 그를 저의 기준으로 삼았고 그를 닮기를 원했습니다.

그런데 저는 지금 이렇게 아이들을 다 빼앗기고 감옥

에 있습니다. 제가 잘못 배웠는지, 예수가 틀렸는지 알 수가 없습니다. 그래서 저는 다시 성경을 읽으며 예수를 만나 보기로 했습니다. 참교사인 예수의 모습 속에서 '예수의 교육학'을 찾고 점검해 보기로 한 것입니다.

광야에서 40일 동안 금식하며 악마의 유혹을 물리치는 것으로 상정된, 교사가 되기 위한 치열한 준비 과정으로 시작되는 참교사로서 예수의 삶은, 오늘 우리 교사들에게 많은 것을 깨닫게 합니다.

처음 교육을 시작하며 '회개'를 통한 자기반성과 자기 정체성을 확립시키고 '하늘나라'라는 교육목표를 제시하고, 엄격하게 열두 제자를 선발하여 학생인 민중을 직접 찾아다니며 가르치고, 비유라는 독특한 방법으로 상대방을 쉽게 이해시키는 교수법 등은 우리에게 많은 것을 시사합니다. 지금부터 이 모든 예수의 교사로서의 모습을 그의 행동과 말을 통해 하나하나 살펴보면서 우리의 교사로서의 모습을 바로 세워 나가 보려 합니다.

물론 이것은 성경의 신학적 해석이 아닙니다. 그러므로 때에 따라서는 전통적인 성경 해석과는 다를 수도 있을 것입니다. 그러나 예수 스스로가 고정된 신학적 교리에 갇혀 있지 않고 해방되어 살아 있다면, 예수의 모습 또한 보는 각도나 보는 사람에 따라 다른 것은 당연한 일일 것입니다.

김 선생님께서 보고 만나고 있는 예수, 김 선생님과 늘 함께 있는 예수의 모습은 또한 어떠합니까? 함께 그 모습을 찾아가면 좀 더 완전한 교사로서 예수의 모습을 우리는 발견할 수 있을 것입니다. 그리고 이는 참교사로서 우리 모습이 될 수 있을 것입니다.

2장 교단에 서기 위하여

부끄러운 이야기

부끄러운 저의 이야기로 글을 시작해야겠습니다. 저는 고등학교 다닐 때까지도 교사가 된다는 생각은 별로 해 보지 않았습니다. 제가 다닌 학교는 대구에 있는 인문계 고등학교였는데 저는 이과반(자연 계열)이었습니다. 가정 형편 등으로 대학 진학을 포기하고 공고 야간에 설치된 국립 기술원 양성소에 기술을 배우러 다니던 중, 고3 담임 선생님을 비롯해 저를 아껴 주시던 여러 선생님의 권유와 도움으로 야간 대학에 가게 되었는데, 그때 국문과를 선택하게 된 것이지요.

사실 저는 농대에 가는 것이 꿈이었어요. 원예를 전공하여 흙, 꽃과 함께 살아 보려 했지요. 그런데 졸지에 국문과에 입학하게 되었고, 저의 삶이 바뀌는 계기가 되었습니다.

문학에도 취미가 있고 책 읽기를 좋아했던 저는 야간대학이지만 열심히 다녔습니다. 그러나 낮에는 직장에 다니며 가계를 돌보고 학비를 벌어야 했으니, 공부를 제대로 할 수 없었던 것은 오히려 당연한 일이었습니다. 그러다가 2학년이 되어 수강 신청을 하는데, 전공 학과 외에 교직 과목을 이수하면 교사 자격증을 받을 수 있다는 말에 공부에 대한 욕심은 있고, 또 따로 수강료를 더 내는 것도 아니고 해서 무조건 신청하게 되었습니다. 그것이 제가 교단에 서게 된 직접적 계기가 된 것이지요.

그렇게 뚜렷한 목적의식도 없이 시작한 교직 과목 공부가 제대로 될 리가 있겠어요? 겨우 학점 따는 데 만족할 수밖에요. 좀 더 솔직히 말씀드리면 그냥 학점을 따기 위한 공부였습니다. 교육 원리, 교육사, 교육 심리, 교육 사회학, 교육 평가 등을 비롯해 4학년 1학기에 있는 교육 실습까지 그럴듯한 과목들을 배우기는 다 배웠지만 제가 교단에 처음 섰을 때 대학에서 배운 것은 하나도 남아 있지 않았다는 것이 솔직한 저의 고백입니다. 그렇게 해서 국어 과목 중등 2급 정교사 자격증을 받았습니다만 한마디로 부끄러운 일이었습니다.

심각한 것은 그것이 제 부끄러움만으로 끝나는 것이 아니라, 그렇게 엉터리로 양산된 교사가 버젓이 교단에 선다는 일이었습니다. 또 저의 경우(대부분 남자가 다 그렇지만) 졸업하자마자 군에 입대하였으니 군 생활 3년 동안 그나마 조금 머릿속에 남아 있던 것조차 철저히 까먹을 수밖에 없었지요. 우리나라 군대는 철저히 인간을 바보로 만드는 곳이니까요.

저는 제대하자마자 바로 시골 조그만 사립 중학교에 부임했습니다. 벽지 사립 학교였기에 부임 희망자가 없어 자리가 있었던 것입니다.

대학 공부도 엉터리로 한데다가 군대 3년 동안 머리는 돌처럼 굳어졌는데, 부임하자마자 수업에 들어갔습니다. 더욱 기가 막힌 것은 저의 전공인 국어 외에도 한문,

체육, 음악 등을 맡아 가르쳤다는 사실입니다. 당시 신설된 그 학교는 1학년 세 학급밖에 없었는데 교사라고는 모두 5~6명밖에 안 되었으니 당연히 한 교사가 여러 과목을 맡을 수밖에 없었지요. 과학 교사가 도덕도 가르치고, 영어 교사는 그가 단지 여성이라는 이유로 여학생 가사를 맡아 가르쳐야 했습니다.

저는 부족한 저의 전공 학과 수업을 준비하느라 정신이 없었으니 다른 과목이야 소홀히 할 수밖에 없었습니다. 아무리 생각해도 그때 저는 교단에 설 자격이 없었습니다. 그것은 어쩌면 죄악이요, 범죄 행위였던 것입니다.

전문성이 강화되어야 할 교사 양성

한심한 저의 교사 초년병 시절 이야기를 부끄러움을 무릅쓰고 드리는 것은 우리나라의 교사 양성 제도와 현실에 대해 함께 생각해 보기 위해서입니다. 그것은 제 경우가 독특한 개인의 문제이기에 앞서 우리나라 교사 양성 제도 전반의 문제이기 때문입니다.

교직은 전문직이라고 말합니다. 그것은 사실이고 또

전문성은 끊임없이 제고되어야 할 문제입니다. 잘 아시는 대로 전문직은 고도의 전문성이 필요하므로 직업관이 투철해야 함은 물론, 거기에 걸맞은 높은 윤리의식이 있어야 합니다. 그러려면 무엇보다 자격 취득이 어려워야 하고 긴 기간이 필요하게 되는 것입니다. 전문의가 되기 위해 겪어야 하는 과정과 투여되는 시간, 노력을 생각해 보면 충분히 짐작이 갈 것입니다.

그런데 우리나라의 사범 교육은 어떻습니까? 초등이건 중등이건 교사 자격증을 얻기까지 과정이 너무나 허술하고 또 빈약합니다. 소홀한 국가의 투자도 문제이지만 일관성도 없고 철학도 없으며 장기적인 계획도 없이 조변석개하는 문교부의 정책도 더 큰 문제이지요.[1]

이런 현실에서 우수한 교사가 양성되기 힘들고, 교육의 질은 교사의 질을 뛰어넘을 수 없고 보면, 우리나라

---

[1] 교원 양성 과정이나 자격증 부여, 실제 임용 과정 등은 많이 개선되었다고 하나, 학생 수 감소 등으로 인한 교사 수급 문제 등과 함께 많은 문제가 있다.

교육의 질은 결국 여기에서 판가름 난다고 보아야 할 것입니다.

사범 교육은 강화되어야 합니다. 사범 대학은 교육에 뜻을 가진, 교육을 통해 자기 삶에 도전해 보려는 젊은 이들로 채워져야 합니다. 그리고 교육 기간은 적어도 6년 이상이어야 합니다. 사범 대학을 졸업한 사람은 물론 모두 임용되어야 합니다. 교육 대학을 따로 두어 초등교사를 따로 양성하는 제도는 더 많은 특혜를 베풀지 않는 한 무의미합니다. 사범 대학 초등 교육 전공이면 되겠지요.

일반 대학이나 다른 경로를 통한 교사 자격 부여는 최대한 규제해야 합니다. 그럴 때 어려운 자격 검정고시를 치르게 해야겠지요. 요즘처럼 임용 고시를 다시 치르게 하는 모순은 없어져야 할 것입니다. 그렇게 함으로 교단에 서는 교사 스스로 자부심을 품도록 해야 할 것입니다. 그것을 위해 국가나 지방 자치 단체의 전폭적인 재정적 지원이 있어야겠지요. 교육보다 더 중요하고, 교육보다 더 급한 것이 없기 때문입니다.

예수가 받은 세 가지 유혹

지금부터 '교사 예수'의 모습을 살펴보고자 합니다. 예수가 교사가 되기 위해 준비하고 실천하는 과정은 40일 광야에서의 시련으로 상징적으로 표현되어 있습니다. 이 부분에 대해 마태오(마태오 4:1-11)와 마르코(마르코 1:12-13)도 모두 기록하고 있지만, 여기서는 루가의 기록을 통해 그 과정과 의미를 살펴보고자 합니다.

예수께서는 요르단강에서 성령을 가득히 받고 돌아오신 뒤 성령의 인도로 광야에 가셔서 사십 일 동안 악마에게 유혹을 받으셨다. 그동안 아무것도 잡수시지 않아서 사십 일이 지났을 때에는 몹시 허기지셨다. 그때에 악마가 예수께 "당신이 하느님의 아들이거든 이 돌더러 빵이 되라고 하여 보시오." 하고 꾀었다. 예수께서는 "'사람이 빵으로만 사는 것이 아니다'라고 성서에 기록되어 있다." 하고 대답하셨다. 그러자 악마는 예수를 높은 곳으로 데리고 가서 잠깐 사이에 세상의 모든 왕국을 보여주며 다시 말하였다. "저 모든 권세와 영광을 당신에게 주겠소. 저것은 내가 받은 것이니 누구에게나 내가 주고 싶은 사람에게 줄 수 있소. 만일 당신이 내 앞에 엎드려 절만 하면 모두가 당신의 것이 될 것이오."

예수께서는 악마에게 "'주님이신 너의 하느님을 예배하고 그분만을 섬겨라'라고 성서에 기록되어 있다." 하고 대답하셨다. 다시 악마는 예수를 예루살렘으로 데리고 가서 성전 꼭대기에 세우고 "당신이 하느님의 아들이거든 여기에서 뛰어내려 보시오. 성서에 '하느님이 당신의 천사들을 시켜 너를 지켜주시리라.' 하였고 또 '너의 발이 돌에 부딪히지 않게 손으로 너를 받들게 하시리라.'라고 기록되어 있지 않소?" 하고 말하였다. 예수께서는 "'주님이신 너희 하느님을 떠보지 마라'라는 말씀이 성서에 있다." 하고 대답하셨다. 악마는 이렇게 여러 가지로 유혹해 본 끝에 다음 기회를 노리면서 예수를 떠나갔다. (루가 4:1-13)

이 이야기는 교사가 되기 위해 극복해야 할 세 가지 유혹에 대해 잘 지적하고 있습니다.

첫째는 '빵'에 대한 유혹입니다. 돈에 대한 유혹이지요. 천박한 자본주의 체제에 의한 필연적 결과이지만, 썩을 대로 썩은 우리나라 교육 현장에도 이미 오래전부터 '교육적'이라는 핑계로 돈이 춤을 추고 있습니다. 아무리 몇 푼 안 되는 돈이라도 돈과 관련된 곳에 부정과 비리가 없는 곳이 없습니다.

그중에서도 최악의 상황으로 나타나고 있는 현상이 바로 '돈봉투 주고받기'일 것입니다. 이미 보편화해 버린 이 돈봉투가 교육에 끼치는 해악은 더 말할 필요조차 없을 것입니다. 학생과 교사, 학부모를 한꺼번에 망가뜨리는 행위이지요.

이 돈봉투를 없애는 방법은 교사의 단호한 태도밖에 없습니다. 교사가 돈에 대한 유혹을 단호하게 물리치지 못한다면 그는 교사라 할 수가 없습니다. 예수는 그러한 악마의 유혹에 단호하게 '사람은 빵으로만 살 것이 아니다'라고 말하며 그 유혹을 물리칩니다.

교사에 대한 두 번째의 유혹은 '권력과 명예'입니다. 그것 때문에 많은 교사가 아이들을 가르치는 본분을 잊어버리고, 그 일을 뒷전에 제쳐둔 채 권력을 좇아 헤매고 있습니다. 그 잘난 주임이나 교감, 교장이 되려고 온갖 더러운 짓도 마다치 않고 권력 앞에 개 노릇을 하는 군상들이 우리 교무실에 얼마나 많습니까?

교사의 명예는 아이들에게 있고, 제자들에게서 나오는 것인데도 아이들을 팽개치고 엉뚱한 권력과 명예를 찾아 돌아다니는 사람은 이미 교사이기를 포기한 것입니다.

예수는 분명히 말합니다.

'주님이신 너희 하나님을 예배하고 그분만을 섬겨라.'

여기에서 '주님이신 너희 하나님'은, 교육적 측면에서 말할 때 말할 것도 없이 우리에게 맡겨진 '학생'입니다. 교사는 그에게 맡겨진 학생들에게만 절하고 섬기면 됩니다. 그것이 참교육이요, 그렇게 하는 교사가 참교사입니다.

세 번째는 '과욕'에 대한 유혹입니다. 교사는 자칫 아이들 앞에서 전지전능하여 무엇이든 다 잘할 수 있어야 한다고 생각하는 잘못을 저지르고 있습니다. 이러한 유혹은 성실하고 의욕적인 교사가 오히려 빠지기 쉬운 함정입니다. 교사인 우리는 학생들에게 아주 솔직히 다가가야 합니다. "당신이 하나님의 아들이거든 여기에서 뛰어내려 보시오"라는 악마의 유혹에 대해 "주님이신 너희 하느님을 떠보지 말라"라고 겸손하게 자신을 낮춘 예수처럼, 지적 오만이나 무엇이든지 할 수 있다는 과욕을 버려야 할 것입니다.

예수는 위 세 가지 유혹을 이기기 위해 광야에서 40일간이나 단식하며 스스로와 싸웠습니다. 목숨을 걸 만한 각오와 결단이 요구되는 일이었기 때문입니다. 참교사로 올바르게 서기 위해서는 이런 자세가 필요하다는 것을 우리에게 가르치고 있는 것입니다.

울면서 하는 기도

예수처럼 참교사가 되기를 원하는 우리는 어떻습니까?

교사 양성 제도나 현실은 미흡하기만 하고, 교직에 임하는 많은 교사의 마음가짐도 철저하지 못한 것이 현실입니다. 결국, 떨어지는 것은 교육의 질이요, 암담한 것은 조국의 장래일 수밖에 없습니다. 남발되는 교사 자격증, 다른 목적에 의해 통제의 수단이 되는 임용 고시는 문제를 더욱 심각하게 만들 뿐입니다.

교사 스스로 자각하고 떨쳐 일어나 자정 운동으로 혼탁한 현실을 정화해 나가는 것은 무엇보다 중요한 우리 교육을 건지는 방법입니다. 그것이 바로 전교조 운동이요, 참교육 운동입니다. 이 운동이 불타올라 제대로 자리 잡을 때 비로소 우리 교육은 제자리를 잡을 것입니다.

그러나 이러한 운동은 끝이 있는 것이 아닙니다. 끊임없이 계속되는 악마의 준동을 이겨 내려면 언제나 깨어 있어야 하고 운동하고 있어야 합니다. 위에 인용한 이야기의 마지막을 보십시오.

"악마는 이렇게 여러 가지로 유혹해 본 끝에 다음 기회를 노리면서 예수를 떠났다."

유혹은 한 번으로 끝나는 것이 아님을 분명히 하고 있습니다. 참교사가 되기 위한 자기 연수는 끊임없이 계속되어야 합니다. 예수도 수시로 한적한 곳을 찾아 기도했다고 성경 기자는 기록하고 있습니다. 때로는 울면서 기도했다고도 적고 있습니다. 계속되는 유혹에서 나태해지고 약해지려는 자신을 스스로 바로 세워나가기 위한 줄기찬 노력입니다.

김 선생님, 우리는 어떻습니까? 저처럼 적당히 획득한 교사 자격증을 가지고 학생들 위에 군림하면서 폭력적 언사나 말장난으로 자신을 은폐시키며 학생들을 속이고 있지 않는지 냉정히 돌아보아야 할 것입니다. 끊임없는 자기 성찰을 밑받침으로 하는 자주적인 자기 연찬의 노력만이 물밀듯이 우리에게 닥쳐오는 온갖 '악마의 유혹'을 물리칠 수 있을 것입니다. 끝까지 당당하게 참교사의 길을 간 예수처럼 말입니다.

3장

교육목표 그리고 실천

교단에 처음 선 날

제가 처음 교단에 섰던 날은 거리에 낙엽이 뒹구는 11월 초 깊은 가을날이었습니다. 대개는 3월에 새 학년이 시작되면서 부임하니 이른 봄날이겠지만, 저는 제대하자마자 바로 부임해서 그렇게 되었습니다.

두근거리는 가슴을 안고 들어서던 첫 수업의 첫 교실은 오래오래 잊을 수 없을 것입니다. 옷매무시에도 신경을 써야 했지요. 대학생 티를 벗은 점잖은 옷 한 벌을 새로 사 입기도 했고요. 남자들은 양복에다 목댕기까지 두른 답답한 목을 흔들어 보기도 했을 것입니다.

교실 문을 열고 들어갔을 때 한꺼번에 내 얼굴로 쏟아지던 120여 개의 까만 눈동자들, 그 반짝이는 눈빛에 '헉' 하고 숨이 막혀 오던 일이 기억납니다. 교단에 올라 교탁 앞에 서면 "차렷!" 하고 울려 퍼지던 반장의 구령 소리, 일시에 숨소리까지 멎는 듯한 몹시도 길게 느껴지던 정적의 순간이 지나고 "경례!" 구령과 함께 숙여지던 고개들. 그때 비로소 '아! 나는 이제 정말 교사가 되었구나!'라는 울림이 마음 깊은 곳에서 밀려 올라옵니다.

그리고 입을 엽니다. 교사로서의 첫 마디. 제자들 앞에 선 스승으로 서서 하는 첫 마디. 그 첫 마디가 기억나십니까?

예수의 첫 마디

요단강에서 요한에게 세례를 받음으로써 교사 자격증을 획득한 예수는 광야에서 40일간 단식하며 악마의 유혹을 이겨 내는 목숨을 건 연수의 과정을 겪고, 드디어 갈릴래아라는 아름다운 호숫가 마을에서 교사로서의 첫 교육 활동을 시작했습니다. 그때도 역시 어느 따뜻한 봄

날이었던 것 같습니다.

성경의 기록은 예수의 첫 수업을 아주 간결하게 그러나 아주 핵심적으로 표현하고 있습니다. 예수의 첫 수업의 첫 마디는 이러했습니다.

회개하라, 하늘나라가 다가왔다.
너희들은 이 복음을 믿어라.
(마태오 4:12-17, 마르코 1:14-15, 루가 4:14-15)

모든 인간의 의식적 행위에는 목적이 있습니다. 별생각 없이 하는 말 한마디나 행동에도 이미 잠재된 목적의식이 있지요. '인간관계라는 상호 침투 작용을 통해서 인간을 좀 더 나은 방향으로 변화시키는 과정'을 '교육'이라 한다면, 그것에는 반드시 구체적이고도 명확한 목적과 목표가 있어야겠지요. 이것이 분명하지 않을 때 교육은 아무리 튼튼한 기관을 가지고 있다 하더라도 어디로 가야 할지 몰라 망망대해에서 헤매는 배와 같습니다.

교사가 한 시간의 수업을 할 때도 그 수업 목표를 분

명히 할 때라야 비로소 아이들과 함께 호흡하며 멋진 수업을 진행할 수 있고, 또 그런 경험을 실제 수업에서 많이 하게 됩니다. 그래서 많은 교사들이 수업을 시작할 때 아예 칠판 한쪽에 오늘의 수업 목표를 큼직하게 써놓기도 하지요. 그렇게 함으로 교사나 학생은 그 시간에 무엇을 가르치고 배워야 할 것인가를 수시로 확인하는 것입니다.

그러나 수업의 목표를 정하지 않았거나 잘못 정했다면 그 수업은 엉망이 되는 것은 말할 것도 없겠지요. 그런 때는 수업을 해도 신명이 나지 않고 교사와 학생 모두 답답하기만 합니다. 올바른 목표의 설정은 그렇게도 중요합니다. 한 시간의 수업도 이런데 한 학교나 특히 한 나라의 교육목표는 그 중요성이 얼마나 큰 것인가는 재론의 여지가 없을 것입니다. 또한 교사를 중심에 놓고 보더라도 '지금 이 시대의 교사인 나는 나의 전 생애를 걸고 아이들과 함께 교육적 삶에 임하면서 무엇을 가장 중요하게 아이들에게 주고 또 나는 무엇을 성취할 것인가?' 라는 자신의 목표 설정도 분명해야 할 것입니다. 그럴 때

라야만 하루를 교사로 살더라도 그 삶의 의미가 분명해
질 것이기 때문입니다.

'하늘나라'는 '통일 세상'이요, '해방 세상'

역사와 민족의 교사로 자처하면서 가장 어려웠던 시기
에 고난의 길에 나선 참교사 예수의 모습에서 우리는 이
러한 분명한 교육의 목표를 발견할 수 있습니다.

앞에서 인용한 성경에 기록된 예수의 첫 마디에서 우
리는 예수의 교육목표가 세 가지로 압축되어 있음을 발
견할 수 있습니다. 첫째, '회개하라' 둘째, '하늘나라(혹
은 하나님의 나라)가 다가왔다.' 셋째, '복음을 믿어라' 입
니다.

예수 당시 이스라엘은 로마의 지배 아래 식민지로 있
었습니다. 그런데도 이스라엘은 안으로는 심각한 분열
상태에 놓여 있었습니다. 유대와 사마리아 간 인종적 분
열도 심각했을뿐더러 유대 안에서도 정치적 견해가 다른
많은 정파가 분립하여 세력 다툼에 열을 올리고 있었으
니까요. 거기다가 또 민족의 지도자라고 자처하는 사제

나 율법가 등은 지배자인 로마 세력에 빌붙어 기득권 챙기기에 혈안이 되어 있었습니다. 그 사이에서 민중은 병들고 가난하여 고통당할 수밖에 없었지요. 공관복음 전체를 통해 끊임없이 등장하는 예수의 고침을 받은 수많은 병자 들이 바로 그 당시 이스라엘 민족의 모습을 잘 대변하고 있습니다.

이러한 역사와 시대의 상황에서 교사 예수가 내건 교육의 목표는 첫째가 '회개', 즉 '자기 성찰을 통한 자아 정체성의 확립'이었습니다. 물론 민족 내부의 분열이라든가 지도층의 부패, 민중들의 패배 의식 등은 외세의 침략으로 인해 생겨날 수밖에 없는 일이고, 그 원인이 외세의 침략에 있으므로 외세를 몰아내는 것을 가장 중요한 목표로 삼아야 한다고 할 수도 있습니다.

그러나 모든 일에는 단계와 순서가 있어서, 일을 이루어 내기 위해서는 먼저 할 일과 나중 할 일이 있습니다. 아무리 급하다고 속옷을 입지 않고 겉옷 먼저 입을 수는 없는 일이니까요. 그 당시 실정으로 보았을 때 자주성을 확립하여 외세에 맞서기 위해서는 먼저 철저한 자기 성찰이 필요하고, 그것을 첫 번째 목표로 내건 것은 예수의 탁월한 안목입니다.

철저한 자기비판과 성찰을 통한 자기 정체성의 확립 없이 민족의 결속과 단결이 이루어질 수가 없고, 민족의 단결 없이는 외세의 무력 앞에 맞설 수 없는 것은 당연한 이치입니다. 그래서 예수는 민족의 '회개'를 첫 번째 목표로 내세웠습니다. 이는 예수가 그 시대를 얼마나 정확하게 바라보고 있는가를 잘 나타내는 것이기도 합니다. 모든 것이 상대적 힘의 관계 속에 있다는 것을 간파하고 먼저 민족 내부 문제의 해결을 내세웠으니까요. 이렇게 교육의 목표는 당대의 요구를 정확하게 담아내야 하고 또 구체적이어야 합니다.

다음으로 예수가 내세운 목표는 '하늘나라가 다가왔다'입니다. 성경에 기록된 하늘나라 혹은 하나님의 나라는 무엇을 의미할까요? 그것은 바로 '통일 세상'이요, '해방 세상'입니다. 왜 구체적인 표현을 하지 못하고 애매하고 상징적인 표현을 했을까요?

이를 이해하기 위해서는 예수가 활동하던 시기와 성경

이 기록되던 시대를 이해할 필요가 있습니다. 예수가 활동하던 시대는 로마 제국의 지배 아래 압박이 극심했고, 민족 내부에서는 헤롯당을 비롯한 여러 형태의 민족 해방 운동이 일어나고 있었습니다. 물론 이러한 독립운동은 엄청난 탄압을 받았습니다. 이럴 때 예수가 '우리는 외세를 몰아내고 독립하여 해방 세상을 이루어야 한다'라고 직접적인 표현을 했다면, 그는 그 자리에서 당장 체포되어 처형되고 말았을 것입니다. 모든 피압박 민족의 지난한 독립 투쟁을 염두에 두면 예수의 다소 우회적 표현인 '하늘나라'가 충분히 이해될 것입니다.

그렇게 표현은 했지만 실제로 그 당시 이스라엘 민중들은 그것이 로마의 압제에서 벗어나는 '해방 공동체의 세상'임을 알았기에 '호산나, 호산나' 외치며 예수의 뒤를 따랐던 것입니다. 또한, 성경이 기록되던 시기도 마찬가지였으니 어쩔 수 없었던 것은 충분히 이해가 갑니다. 민족의 내부 각성과 결속을 첫째 목표로 내세운 예수는 '민족 통일의 해방 공동체 세상'을 둘째 목표로 내걸었던 것입니다. 이는 첫째 목표를 통해 둘째 목표로 나아갈 수 있기도 하지만, 궁극적 목표는 피압박 민족으로서 외세를 몰아내는 민족 해방임을 분명히 하기 위함이었습니다.

교육 이념이나 목표는 그 시대의 가장 핵심적이고 누구나 그렇게 생각하는 구체적인 문제를 중심에 세워야 합니다.

홍익인간이라는 교육 이념

우리나라의 교육 이념은 어떻습니까? 또 교육의 목적과 목표들은 어떻습니까?

우리나라 교육법 제1조에는 '홍익인간'을 교육의 이념으로 삼는다고 명시되어 있습니다. 홍익인간이 내포하는 그 깊고 포괄적인 의미를 비판할 생각은 없습니다. 단군 신화의 역사적 의미를 깎아내려서도 안 됩니다. 다만 홍익인간이 담고 있는 의미가 과연 그 시대의 구체적 현실에서 추출된 핵심 문제를 목표로 삼는 교육 이념에 적합한가는 깊이 생각해 볼 필요가 있습니다.

교육의 이념이나 목표는 추상적이거나 모호해서는

안 된다는 것은 교육학 이론에서 누누이 강조되고 있습니다.

우리 사회가 '식민지 반자본주의 사회'인지 혹은 '신식민지 국가 독점자본주의 사회'인지는 차치하고라도, 남북으로 민족이 분단되어 있고 강대국의 세력이 현존하는, 우리나라의 역사, 시대적 상황 속에서 과연 홍익인간이라는 '환상의 섬' 같은 존재가 구체적인 교육 이념이 될 수 있는가는 냉정히 바라볼 필요가 있습니다.

'예수의 교육학'에 따른다면 이 시대 우리나라의 교육 이념은 당연히 민족 자주와 통일, 민주주의의 확립, 자유와 평등의 신장을 통한 인간 해방의 공동체 수립을 이루어 나가는 데 중점을 두어야 할 것입니다. 이것이 바로 전교조가 주장하는 민족, 민주, 인간화 교육입니다. 그것을 한마디로 아우르는 것이 '참교육'입니다.

예수의 옷자락

세 번째 예수의 교육목표는 '복음을 믿어라'입니다. 여기에서 '복음'이란 둘째 목표로 제시한 '하늘나라의 성취'

입니다. 이 표현은 하늘나라, 즉 민족의 자주적 해방을 확신하라는 말이며 그것은 '구체적 실천으로 민족 해방 공동체를 반드시 이루어 내야 한다'라는 말의 다른 표현입니다.

예수는 성경 곳곳에서 보듯이 많은 병든 사람을 고쳐 주면서도 '병 나음'에 대한 병자 자신의 확신을 강조합니다. 군중 속에서 예수의 옷자락에 손만 대도 자기 병이 나을 것이라는 확신을 가지고 몰래 예수의 옷자락을 만져 열두 해 동안이나 앓아 오던 하혈증이 낫게 된 여인에게, '여인아, 네 믿음이 너를 살렸다'(마태오 9:18-26, 마르코 5:21-34, 루가 8:40-56)라고 말한 것에서 보듯이 예수가 얼마나 자주적 정신과 자율성을 중요하게 여기는가를 잘 알 수 있습니다.

스스로 이루려는 자기 목표에 대한 확신이 없이는 그 일을 이루기 힘듭니다. 그리고 그것을 이루어 나가기 위한 구체적인 실천이 없다면 그 목표는 연목구어(緣木求魚)일 뿐입니다. 한 발을 땅에 내밀어 걷는 자만이 앞으로 나아갈 수 있는 것처럼, 목표에 대한 확신을 갖고 실천을 위한 구체적 노력을 기울일 때, 목표는 달성되는 것입니다.

민족 해방 공동체를 위해 예수는 이스라엘 민중들에게 구체적인 실천과 행동을 요구했습니다. '복음을 믿어라.'라는 말로 목표 달성에 대한 확신을 심어주기 위해 최선을 다했습니다. 그러나 로마 제국이라는 엄청난 외세의 힘 앞에 겁먹고, 민족 반역자인 반동 기득권층의 교란으로, 결국 이스라엘 민중은 처참한 종살이를 계속하게 됩니다.

우리의 현실은 어떻습니까? 대한민국의 교육 이념과 교육목표는 올바르게 세워졌습니까? 김 선생님이나 저는 교사로서 자신의 교육목표를 분명히 하고 있습니까? 목표에 대한 확신과 구체적 실천으로 그것을 이루어 나가려고 최선을 다하고 있습니까? 민족 분단이라는 조국의 이 시대 현실 속에서, 과연 우리의 교육목표는 무엇이 되어야 합니까? 또 그것을 세우고 달성해 나가기 위해서 우리는 무엇을 해야 합니까? 우리가 지금 교단 생명까지 던져가며 벌이고 있는 전교조를 통한 '참교육 운동'은 이런 관점에서 과연 어떤 의미를 지닙니까?

이 모든 당면한 문제들을 다시 한번 조용히 되돌아보게 하는 것이 예수가 교육 활동을 시작하면서 설정한 '회개하라, 하늘나라가 다가왔다. 이 복음을 믿어라.'라는 교육목표가 우리에게 주는 가르침일 것입니다.

4장

제자를 찾아서

갈릴리호숫가

이런 조용한 밤이면 눈을 감지 않아도 들립니다. 2천여 년 어느 봄날, 갈릴리호숫가에서 군중을 향해 외치는 예수라는 한 사내의 봄 풀처럼 싱싱한 목소리가 말입니다.

"회개하십시오. 하늘나라가 다가왔습니다. 이 복음을 믿으십시오."

성경에는 기록할 당시의 정치적 상황 등으로 이렇게 상징적, 압축적으로 표현하고 있습니다만, 실제로는 상당히 구체적인 내용을 알기 쉽게 풀어서 설명했을 것입니다. 제가 상상력을 동원하여 이 말씀을 풀면 대개 다음과 같지 않을까 생각해봅니다.

"자신들을 한번 돌아봅시다. 우리 민족이 처해 있는 현실을 직시합시다. 로마 제국은 우리나라를 빼앗고 우리에게 종노릇을 강요하고 있습니다. 그런데 우리는 어떻습니까? 외세에 빌붙어 같은 민족을 탄압하며 떡고물을 챙기고 호의호식하는 자들이 있는가 하면, 병들고 굶주려 죽어가는 형제들이 있습니다. 민족은 분열되어 힘을 모으지 못하고 오히려 서로 헐뜯고 있습니다. 이러한 우리의 잘못을 깨달아야 합니다. 그리고 뭉쳐서 싸워야 합니다. 그렇게 하기만 하면 우리 민족은 외세를 몰아내고 독립할 수 있습니다. 빼앗긴 땅을 되찾을 수 있습니다. 로마 제국의 탄압으로부터 해방될 수 있습니다. 보십시오. 해방 세상이 다가오고 있습니다. 우리는 이것을 믿어야 합니다. 우리 힘으로 꼭 이루어 낼 수 있다는 사실을 믿어야 합니다. 그리고 그것을 이루어 내기 위한 구체적인 노력을 해야 합니다. 말만 한다고 되지 않습니다. '누가 해주겠지' 하고 미루어서도 안 됩니다. 약속된 메시아가 오기를 기다려서만도 안 됩니다. 메시아는 이미 왔습니다.

메시아는 자신을 메시아로 믿는 우리 마음속에 있습니다. 스스로 실천하는 길만이 해방 세상을 만들어 낼 수 있는 길입니다."

많은 이들이 예수를 따라다녔습니다. 그가 하는 말이 힘이 있고, 헐벗고 굶주리고 탄압에 억눌린 그들에게 희망을 주었기 때문입니다.

분명한 목표를 세우고 민족의 교사로 가르치기 시작한 예수에게는 함께 일할 사람이 필요했습니다. 자기와 함께 민족 해방 공동체의 목표를 이루어 나갈 제자들이 필요했던 것이지요. 예수는 제자를 불러 가르치고 훈련하려고 계획합니다. 신약성경의 공관복음서(마태오, 마르코, 루가)와 요한복음에는 모두 그 첫 번째 제자를 부르는 광경을 기록하고 있습니다. 기록자에 따라 조금씩 다르게 기록된 내용을 합해서, 당시 정황에 따라 루가복음을 중심으로 재구성하면 대개 다음과 같을 것입니다.

하루는 많은 사람들이 게네사렛 호숫가에 서 계시는 예수를 에워싸고 하나님의 말씀을 듣고 있었다. 사람들이 너무 많아 뒷사람들은 예수의 얼굴이 잘 보이지 않을 정도였다. 예수는 모든 사람이 잘 보이는 곳에서 말씀하시기 위해 장소를 물색했다.

마침 호숫가에 대어둔 배 두 척이 눈에 띄었다. 그중 하나는 시몬의 배였는데 그의 동생 안드레도 거기에 함께 있었다. 안드레는 세례 요한의 제자이기도 했는데 예수에 대해 평소에 관심이 많았다. 그래서 며칠 전 예수의 숙소로 찾아가 그분을 만나 뵙기도 했다. 안드레는 그의 형 시몬에게 예수를 주의 깊게 관찰할 것을 권유하기도 했다.

그런데 예수는 시몬의 배에 올라 배를 땅에서 조금 떼어 놓게 한 다음, 배에 앉아 군중을 가르쳤다. 호숫가에 모였던 많은 군중이 모두 예수를 바라보며 그의 말에 귀를 기울일 수 있었다. 그물 씻는 일을 하던 시몬과 안드레도 함께 귀를 기울였다. 예수는 말씀을 마치자 시몬에게 "깊은 데로 가서 그물을 쳐 고기를 잡아라"라고 하였다. 그 호숫가에서 고기잡이로 잔뼈가 굵은 시몬은 대답했다.

"선생님, 저희가 밤새도록 애썼지만 한 마리도 못 잡았습니다. 그러나 선생님이 말씀하시니 그물을 치겠습니다."

그리고 그대로 하였더니 과연 엄청나게 많은 고기가 걸려들어 그물이 찢어질 지경이었다. 그들은 다른 배에 있는 동료들에게 손짓하여 도와달라고 했다. 동료들이 와서 같이 고기를 끌어 올려 배가 가라앉을 정도로 두 배에 가득히 채웠다.

이것을 본 시몬은 예수의 발 앞에 엎드려 말했다.

"주님, 저는 죄인입니다. 저에게서 떠나 주십시오."

시몬은 너무나 많은 고기가 잡힌 것을 보고 겁을 집어먹었다. 그의 동료들과 세배대의 아들 야고보와 요한은 똑같이 놀랐는데 그들은 다 시몬의 동업자였다. 그러나 예수는 시몬에게 부드럽게 말했다.

"두려워하지 말고 이제 나를 따라오너라. 너는 이제부터 사람을 낚는 어부가 될 것이다."

이 말을 들은 시몬과 안드레 그리고 야고보와 요한은 배를 끌어다 호숫가에 대어 놓은 다음 모든 것을 버리고 예수를 따라갔다. 이렇게 해서 이들은 예수의 첫 번째 제자가 되었다. (마태오 4:18-22, 마르코 1:16-20, 루가 5:1-11, 요한 1:35-42)

이 이야기를 통해서 우리는 예수의 제자 선택 방법이 보여 주는 몇 가지 중요한 사실을 발견할 수 있습니다.

민중 속에서 선택한 제자

첫째, 예수는 그와 함께 일할 첫 번째 제자를 기층 민중인 노동자 속에서 선택했습니다. 물론 그 뒤에 예수는 율법가, 지식인, 세리와 같은 관리, 전문직인 의사 등 여러 계급 계층을 구분 없이 고루 가르치며 제자가 되기를 원하는 사람에게는 기꺼이 문호를 개방했지만, 예수가 가장 먼저 찾은 곳은 노동 현장의 민중이었고, 그곳에서 제자를 선택했습니다.

이것은 참교사가 견지해야 할 기본 태도로 오늘날 우리에게도 시사하는 바가 큽니다. 우리는 매일 만나는 학생들, 그리고 직접 담임을 맡은 학생들을 어떻게 대하고 있는지 한 번 돌아보아야 할 것입니다. 그리고 그 많은 학생 중에서 가장 중심에 놓아야 할 아이들이 누구이어야 하는지 생각해 보아야 하겠습니다.

혹시 우리는, 우리가 대하는 학생들 가운데서 집이 부유하고 보호를 잘 받아서 성적도 좋고 인물도 잘생기고 성격도 활달하고 생활 습관도 좋은, 이른바 모범생이라고 하는 학생을 오히려 더 아끼고 사랑하고 있지는 않은지 반성해 보아야겠습니다. 예수가 첫 제자로 삼은 시몬은 앞에서 본 것처럼 갈릴리 호수에서 어부로 자란 무식꾼이었습니다.

다른 기록에도 잘 표현되어 있지만, 그는 성격에도 결함이 많아 아주 급하고 충동적이었습니다. 예수가 잡혀가던 밤에 칼을 휘둘러 엉뚱한 사고를 치기도 했고, 새

벽닭이 울기 전에 세 번이나 스승을 부인하고 배반하기도 했습니다. 그런 시몬을 예수는 수제자로 삼으셨습니다.

노동을 귀하고 신성하게 여기는 마음

둘째, 예수는 '일하는 사람'을 제자로 선택했습니다.

예수가 군중들과 함께 나타났을 때 시몬과 그의 동료들은 배에서 일하고 있었습니다. 자기 생업의 현장에서 부지런히 자기 일을 하고 있었던 것입니다. 예수는 그 일하는 모습을 아름답게 보셨습니다. 노동을 귀하게 여기고 신성하게 여기는 예수의 마음이 잘 나타나 있습니다.

반면 노동에 대한 천시 풍조는 아직도 우리 교육 현장에 팽배하고 있음을 볼 수 있습니다. 가르치는 일이 귀한 노동임을 인식하지 못하는 교사들도 있습니다. 그런가 하면, 특히 생산직에 종사하는 육체 노동자는 마치 인생의 낙오자나 패배자 정도로 취급하는 경향도 있습니다. 가끔 주위에서 학생들을 격려한답시고 어처구니없는 말을 하는 교사를 봅니다.

"야, 너희들 그렇게 공부 안 하고 놀기만 하면 결국 공돌이, 공순이밖에 더 되겠니? 공돌이 공순이 면하려면 제발 공부 좀 해라."

공돌이, 공순이라는 말 자체가 벌써 공장의 생산직 노동자를 낮추어 부르는 말입니다. 거기다가 마치 공부하는 목적이 공돌이, 공순이를 면하기 위한 것으로 생각하는 이 태도야말로 얼마나 비교육적인지 알아야 할 것입니다.

훌륭한 인간이란 그가 무슨 일을 하건, 남을 누르고 지위가 높아져 다른 사람 위에 군림하는 사람이 아니라, 내가 맡은 일을 귀하게 여기고 그 일을 통해 자기 삶을 알차고 풍부하게 하며, 다른 사람과 더불어 행복을 누리며 살아가는 사람입니다. 그런 사람을 민중이라고 한다면, 우리는 예수처럼 민중을 찾고 민중을 길러내는 교사가 되어야 할 것입니다.

겸손하게 열린 마음

셋째, 예수는 겸손한 사람을 제자로 선택했습니다.

시몬과 그의 동료들은 갈릴리 호수에서 어부로 성장했습니다. 고기잡이에 대해서는 그 동네 누구보다 전문가들입니다. 그런데 예수를 만난 그날은 한 마리도 못 잡았습니다. 하다 보면 그런 날도 있기에 그들은 묵묵히 그물을 손질하고 있었습니다.

그런데 군중에게 가르치기를 마친 예수가 배의 주인인 시몬에게 깊은 곳에 그물을 던져 고기를 잡으라고 말씀하십니다. 배를 사용한 고마움의 표시일 수도 있겠고 은근히 시몬을 시험해 보려는 의도도 숨어 있었겠지요. 그때 보통 사람 같으면 예수의 말에 콧방귀를 뀌며 한마디 했을 것입니다.

"웃기지 마시오. 어부도 아니고 이 지방 사람도 아닌 당신이 무얼 안다고 그러시오. 이 호수에서 잔뼈가 굵은 우리도 밤새 애썼지만 한 마리도 못 잡았소. 오늘은 고기가 안 잡히는 날이요. 잔소리 말고 빨리 배에서 내리시오. 우리는 배나 청소해야겠소."

그러나 시몬은 달랐습니다. 뭔가 풍기는 분위기가 다른, 많은 이들에게 올바른 삶을 가르치는 예수의 말에, 자기의 고집과 오만을 내세우지 않고 겸허하게 받아들여 실천에 옮겼습니다.

인간은 누구나 다 능력이 다르고 또 한계가 있습니다. 그것을 인정하고, 자기의 생각과 판단이 중요한 것처럼 다른 사람의 그것도 중요함을 알고 겸허하게 받아들이는 태도는 아무리 강조해도 부족함이 없을 것입니다. 이렇게 겸손하게 마음을 여는 자만이 폭넓게 다른 사람이나 다른 의견을 받아들일 수 있습니다. 다른 사람을 받아들이지 못하고 내가 발전하는 일은 있을 수 없지요. 시몬은 겸손하게 다른 사람을 받아들였습니다. 그의 태도를 예수는 높이 평가했을 것입니다.

새로운 결단

넷째, 예수는 새로운 결단을 내리고 새출발을 하기 위해 자기의 모든 것을 버린 사람을 제자로 선택했습니다. 예수는 '새 포도주는 새 부대에 담아야 한다'라고 가르친 바도 있습니다만, 어떤 일을 할 때든지 결단이 필요합니다. 그것이 가치 있고 중요한 일일수록 더욱더 큰 결단을 요구합니다.

시몬과 안드레는 그간 그들 삶의 터전인 호수와 삶의 도구인 배와 그물들을 모두 버렸습니다. 예수의 제자가 되는 새 삶을 준비하기 위해 기득권을 포기하는 결단을 내린 것입니다. 중요한 목적을 달성하기 위해서는, 또는 더 가치 있는 일을 추구하기 위해서는, 가진 것을 과감히 포기하고 올바르고 새로운 가치를 위해 온몸을 던질 필요가 있지요.

1989년에 교사들이 전교조를 결성하여 학교 사회를 정화하고 교육 대개혁을 이룩하고 참교육을 실현한다는 높은 가치 앞에 그동안의 기득권들을 과감히 포기하고 온몸을 던졌습니다. 그런 결단 없이 어떻게 조그만 변화라도 가능하겠습니까? 우리는 매일 새롭게 더 높은 가치로 나아가기 위해 매일 과감하게 포기하고 버릴 것은 버리는 결단의 생활이 필요합니다.

예수의 첫 번째 제자 시몬은 그동안 쌓아온 자기의 모

든 것을 버림으로 베드로로 거듭나게 되고, 결국 예수의 수제자로 교회의 모체가 되는 새로운 삶을 살 수 있었습니다.

무화과나무 아래의 나타나엘

또한, 예수는 평소 그의 생활을 보고 제자를 선택했습니다. 예수는 군중들과 함께 게네사렛 호숫가로 올 때에 시몬과 그의 동료들이 배에서 그물을 손질하는 것을 눈여겨보았습니다. 묵묵히 자기 생업에 종사하는, 열심히 일하는 건강한 노동자의 모습을 예리한 관찰을 통해 이미 간파하고 있었던 것입니다.

우리는 학교에서 학생들을 어떻게 평가합니까? 평소에 그들의 행동 하나하나를 얼마나 눈여겨보는지 한번 생각해 봅시다. 오히려 우리는 성실한 관찰보다는 잘못된 선입견을 품고 학생들을 대하고 있지나 않은지 돌아봐야 할 것입니다.

요한복음에는 첫 번째 제자들을 부르는 사건에 이어, 다른 공관복음서에는 기록되어 있지 않은 또 다른 제자

나타나엘을 부르는 사건이 기록되어 있습니다. 예수의 제자가 된 필립보가 그의 친구인 나타나엘에게 가서 예수를 소개하자, 처음에 나타나엘은 별로 큰 관심을 보이지 않습니다. 그러나 '우선 한번 와서 보라'는 말에 나타나엘은 예수를 만납니다.

> 예수께서는 나타나엘이 가까이 오는 것을 보시고 "이 사람이야말로 정말 이스라엘 사람이다. 그에게는 거짓이 조금도 없다." 하고 말씀하셨다. 나타나엘이 예수께 "어떻게 저를 아십니까?" 하고 물었다. "필립보가 너를 찾아가기 전에 네가 무화과나무 아래 있는 것을 보았다." (요한 1:47-48)

예수는 나타니엘이 무화과나무 아래 있을 때 이미 보고 모든 것을 알았다고 말합니다. 교사로서 제자에 대한 세심한 관찰은 언제나 필요합니다. 세심한 관찰과 정확한 판단, 그것에 근거한 성실한 처방, 그리고 정성을 다한 만남과 실천이 이루어질 때 아무리 문제가 많은 학생이라도 다시 올바른 길로 나아갈 수 있게 할 것입니다.

예수가 무화과나무 아래 있는 나타나엘을 보고 '이 사람이야말로 정말 이스라엘 사람이다. 그에게는 거짓이 조금도 없다'라고 그를 전폭적으로 인정하고, 장점을 발견하여 확인시켜 줄 때 그는 '선생님, 선생님은 하나님의 아들이시며 이스라엘의 왕이십니다'라고 말하며 스승에게 전적 신뢰를 보내게 되는 것입니다.

나타나엘이 예수께 오기 전 무화과나무 밑에서 무엇을 하고 있었는지, 성경은 구체적으로 기록하고 있지 않습니다만, 예수는 그때 이미 그를 눈여겨보고 있었습니다. 그리고 그의 장단점을 그의 평소 행동을 통해 파악하고 있었습니다. 교사가 아이들을 평소에 잘 관찰하고, 또 장점을 발견하고 인정해 주는 것이 얼마나 중요한지를 잘 나타내 준다고 할 수 있습니다.

예수의 눈

김 선생님은 제자가 몇 명이나 되나요? 매일 들어가는 교실의 모든 학생이 다 제자일 수 있습니다만, 여기에서 말하는 제자는 그보다는 조금 다른 의미입니다. 스승의 가르침에 깊이 따르고 평생을 함께하며, 함께 살아가는 예수의 제자와 같은 그런 사제 관계입니다.

우리는 매년 담임으로 50~60명의 학생을 특별히 만나는 외에, 수백 명에서 수천 명까지도 수업 시간을 통해 만납니다.[2]

그러나 한 해가 끝나고 정말 서로 아끼고 존경하는 사제 관계를 유지하는 학생은 몇 명 되지 않습니다.

학교를 졸업해 버리면 더욱 그렇게 되지요. 우리는 이러한 입시 위주의 교육 환경 속에서 입학시험에 필요한 지식만 가르치는 자신을 '지식 소매업자'라고 서글프게 표현하기도 합니다만, 과연 나에게는 몇 명의 진정한 제자가 있을까 생각해 보기도 합니다.

저는 현장에 있을 때 '제발 1년에 한 명이라도 진정한 제자가 생긴다면 얼마나 좋을까'하고 안타까워했습니다. 그렇다면 제가 15년 넘게 교단에 있었으니, 적어도

---

2 현재 초중고교의 학급당 학생 수는 30명 내외로 많이 줄었다. 그러나 아직도 일부 지역은 상대적 과밀학급으로 수업에 어려움이 많다. 학급 당 학생 수를 20명으로 제한하는 등의 법제화가 필요하다.

열다섯 명의 진정한 제자는 있어야 할 텐데, 손가락으로 꼽아 보라면 자신이 없으니 부끄러운 일이 아닐 수 없습니다.

물론 꼭 스승과의 관계를 지속해야 진정한 제자인가에 대해서는 생각이 다를 수도 있습니다. 비록 그 스승을 잊었더라도, 또는 자기의 바쁜 생활 속에서 지속적인 관계를 유지하기 힘들더라도 배움에 따라 성실한 삶을 살고, 그 배운 것을 다른 사람에게 실천하며 살아가는 제자가 있으면 비록 현재의 만남이 없다 해도 참다운 제자일 것입니다.

그런 제자가 많을 것이라며 스스로 위로하는 것 또한 부끄러운 일입니다. 선생님은 저 같지 않으시죠? 졸업한 제자들과도 뜨거운 사제 관계를 유지하면서 계속 배움을 주고받으며 뜨거운 삶을 함께 살고 계시지요? 그래서 단지 칠판 앞에서만, 학교에서만의 스승이 아닌 그 제자의 삶 전체의 스승으로 살아가고 계시지요?

저도 복직하게 되면 다시 한번 제자들에게 도전해 보렵니다. 일 년에 한 명이라도 참제자를 길러내는 참스승으로 살아갈 수 있도록 최선을 다해 보렵니다. 그물을 손질하고 있는 시몬의 형제들과 무화과나무 아래 있는 나타나엘을 그윽한 눈으로 바라보고 사랑으로 그들을 부르는 참스승 '예수의 눈'을 마음속에 새기면서 말입니다.

5장

잔치 자리 학교

길 잃은 한 마리 어린 양

갈릴리호숫가에서 시몬과 그의 동료들을 제자로 부른 예수의 첫 전도 여행의 시작을 마태오는 이렇게 기록하고 있습니다.

> 예수께서 온 갈릴래아를 두루 다니시며 회당에서 가르치시고 하늘나라의 복음을 선포하시며 백성 가운데서 병자와 허약한 사람들을 모두 고쳐주셨다. (마태오 4:23)

예수의 가르침(교육)이 시작되었습니다. 예수는 어느

한 곳에 머물러 있지 않았습니다. 자기가 가르쳐야 할 대상을 찾아다녔습니다. 주로 마을의 회당(학교)에서 가르쳤습니다. 그러나 회당이 좁고 여의찮으면 들판이나 산, 호숫가 등 어느 곳에서나 형편에 맞추어 가르쳤습니다.

예수는 가정 방문도 열심히 했습니다. 병자가 있는 집은 말할 것도 없고, 세리 삭개오 집에도 들렀고, 마리아와 마르다 집에도 들렀습니다. 또 자기를 초청하는 집에도 꼭 갔습니다.

예수의 교육 내용은 언제나 '하늘나라의 복음'이었습니다. 그는 사람들에게 해방 공동체의 세상을 만들어야 한다는 믿음을 심었습니다. '병자와 허약한 사람'을 모두 고쳐 주었다는 것은 문제가 있는 학생은 개인 지도를 해서라도 꼭 고쳐 주었다는 내용이라 할 수 있겠지요.

그의 교육의 성과에 대한 성경의 기록은 대부분 '병자의 나음'으로 표현되어 있습니다. 집단 지도에 해당하는 대중을 대상으로 하는 설교에도 예수는 열심이었지만, 그것 못지않게 한 사람 한 사람에 대한 만남과 개인 지도에도 열심이었습니다. 예수는 이 두 부분의 교육이 아주 조화로웠습니다.

우리가 학교에서 아이들을 가르치며 곤경에 빠지는 경우가 바로 이 두 가지의 부조화입니다. 우리는 '전체'라는 이름으로 '개인'이 무시당하고, 또는 어떤 '개인'에 몰두함으로써 '전체'를 잃어버리는 경우가 많음을 봅니다. 그러면서 우리는 다수를 위해 개인이 희생되는 것이나 어떤 특정인에 대한 편애를 정당화하고 있습니다. 심지어 우리는 몇몇 아이가 불성실하다고 하여 전체를 비난하거나 벌을 주기도 하고 전체 분위기를 잡기 위해 어떤 개인을 희생양으로 삼기도 하니까요.

예수는 한꺼번에 수천 명을 상대로 강의를 하면서도 그 한 사람 한 사람의 어려움까지 염두에 두었습니다. 설교를 마치고는 그 수가 아무리 많더라도 반드시 먹을 것을 대접했으며 자기를 필요로 하는 사람이 있으면 언제 어느 곳이든 기꺼이 찾아 주었고 만나 주었습니다. 우리는 언제나 우리가 담임하고 있는 학급이나 수업에 들어가는 교실에서 전체 속에 묻혀 무시당하거나 소외당하는 아이는 없는지 늘 살펴보아야 할 것입니다. 길 잃지 않은 아흔아홉 마리의 양보다는 길 잃은 한 마리 어린 양을 찾아 나서는 예수의 교육학을 우리는 배우고 실천해야 할 것입니다.

예수가 하늘나라의 복음을 전하기 위해 찾아 나선 가난한 자, 병든 자, 허약한 자, 고통받고 소외당하는 자는 바로 역사의 주인인 민중입니다. 민중을 가르치고 민중과 함께하며 민중으로 하여금 민족과 역사의 주체로 서게 하는 것, 그것이 바로 예수의 교육이요, 우리의 참교육일 것입니다.

가나 마을의 혼인 잔치

제자 요한은 예수의 전도 시작과 함께 첫 기적을 일으키는 장면을 아주 아름답게 묘사하고 있습니다. 그것은 갈릴리 지방 가나라는 마을의 혼인 잔치 얘기입니다.

예나 지금이나 결혼은 인간의 삶 가운데 가장 복되고 기쁜 일이지요. 예수도 그의 어머니가 제자들과 함께 초청받아 이 혼인 잔치에 참석했던가 봅니다. 한창 잔치가 무르익어 가는데 마침 포도주가 떨어지게 되었습니다. 초청한 주인은 얼마나 당황스럽고 또 민망했겠습니까? 이 모습을 본 예수의 어머니께서 안타까운 마음에 예수에게 부탁합니다. 어머니는 예수의 능력을 믿었던 것이지요.

예수는 어머니에게 시원한 대답을 들려주지는 못합니다만, 어떻게든지 이 잔치를 도와야겠다고 생각하게 되고, 결국 아주 좋은 포도주로 잔치 자리를 더욱 흥겹게 했다는 얘기입니다. 이것이 바로 예수가 일으킨 첫 기적이라고 요한은 기록하고 있습니다(요한 2:1-11).

다른 공관복음서에는 이 이야기가 없습니다. 대개 전도를 시작하며 병자를 고치는 이야기가 처음 나옵니다. 마태오나 마르코, 루가는 예수의 첫 사업이 좀 더 권위 있고 힘 있는 것이기를 바랐겠지요. 병자를 고치고 살려내는 모습이야말로 정말 권위 있는 일로 보였을 것입니다. 그에 비해 잔치에 참석해 먹고 놀다가 포도주나 만드는 것으로 시작하는 이 이야기는 구미에 맞지 않아 기록하지 않았을지도 모르겠습니다.

이 잔치 이야기를 쓴 요한은 특별하고 그럴듯한 것을 바라는 다른 성경 기록자들보다는 퍽 인간적이라는 생각이 듭니다. 그러나 한편 곰곰이 생각해 보면, 전도 여행에 앞서 혼인 잔치에 참석하여 멋지게 한잔하면서 즐거워하는 모습이 바로 예수의 참모습일 것 같다는 생각이 듭니다.

저는 이 이야기를 읽으며 새 학년을 시작하며 가지는 신임 교사 환영회라든가 봄 소풍 등의 잔치를 연상했습니다. 우선 가르치고 배우는 사람들이 모두 즐겁고 기쁘게 마음을 열고 한마음이 된다는 것은 교육에서 무엇보다도 중요한 일입니다. 서로 경계하며 굳어 있는 딱딱한 마음으로는 진정한 교육이 이루어지기 어렵겠지요. 잔치 같은 행사를 통해 열린 마음이 되어 서로의 어려운 문제들을 드러낼 때 비로소 교육은 이루어지기 시작하는 것입니다.

포도주를 함께 마시는 뜨거운 믿음

잔치에서 포도주가 떨어졌다는 것은 그 집단이나 행

사에서 해결하지 않으면 안 될 큰 문제가 생겼다는 것이고, 참교사인 예수는 자기 능력과 노력으로 그것을 해결한 것입니다. 그래서 잔치 자리는 더욱 흥겨워진 것이지요.

> 이렇게 예수께서는 첫 번째 기적을 갈릴래아 지방 가나에서 행하시어 당신의 영광을 드러내셨다. 그리하여 제자들은 예수를 믿게 되었다. (요한 2:11)

잔칫집에서 보여 준 예수의 참모습을 보고 제자들은 더욱 예수를 믿고 따르게 되었습니다. 제자들이 교사를 신뢰할 수 있을 때 비로소 참교육은 시작됩니다. 그것은 결국 제자들과 함께 기쁜 잔치를 벌이는 마음이 되어야 한다는 것이지요. 좋은 포도주에 함께 취하는 것 같은 뜨거운 마음이 될 때 참교육은 싱싱하게 살아날 수 있습니다.

우리는 학년을 시작하며 학급이나 교무실을, 나아가서 학교 전체를 먼저 잔치 자리로 만들어야 합니다. 좋은 포도주가 떨어지지 않게 해야 합니다. 그렇게 해서 서로 마음을 열고 믿음을 주고받으며 한 해의 '교육 여행'을 시작해야 합니다. 예수가 전도 여행을 떠나기 전 제자들과 함께 이렇게 잔치를 벌이듯이 말입니다.

> 예수의 소문이 온 시리아에 퍼지자 사람들은 갖가지 병에 걸려 신음하는 환자들과 마귀 들린 사람들과 간질병자들과 중풍병자들을 예수께 데려왔다. 예수께서는 그들도 모두 고쳐주셨다. 그러자 갈릴래아와 데카폴리스와 예루살렘과 유다와 요르단 강 건너편에서 온 많은 무리가 예수를 따랐다.
> (마태오 4:24-25)

가나의 혼인 잔치로 출발한 예수의 전도(교육) 여행은 이렇게 뜨겁게 진행되었습니다. 우리의 교실은 어떻습니까? 혹시 권위주의로 분위기를 딱딱하게 하고 있지 않습니까?

제자와 더불어 먹고 마시는 잔치의 자리가 아니라, 교단 위에 높이 버티고 서서 학생들 위에 군림하려고 하지 않습니까? 또는 한 시간 내내 꼿꼿이 앉아 숨소리도 크게 내지 못하게 하고, 조용히 교과서만 바라보도록 강요하고 있지 않습니까? 혹은 전체를 빙자하여 개인을 윽박지르지는 않습니까?

우리의 교실은 가나의 잔치 자리가 되어야 합니다. 그리고 교사는 좋은 포도주가 떨어지지 않게 끊임없이 공급하는 사람일 뿐입니다.

6장

완전한 수업을 위하여

수업은 교사의 호흡

수업은 교사의 호흡입니다. 사람이 숨을 쉬지 않으면 죽는 것과 마찬가지로 수업을 하지 않는 교사는 죽은 교사입니다. 저를 비롯한 전교조 결성과 함께 해직된 일천오백여 명의 교사는 수업을 빼앗긴 교사입니다. 수업을 빼앗긴다는 말은 제자들을 빼앗긴다는 말이요, 제자가 없는 교사는 생각할 수가 없습니다. 그래서 교사를 탄압하는 가장 비열하고 악랄한 방법은 수업을 빼앗는 것입니다.

유성전자공고에서 해임된 최문희 선생님은 끈질긴 법

정 투쟁 끝에 대법원에서 승소하여 학교로 다시 돌아간 분입니다. 그런데 학교에서는 최 선생님에게 수업을 주지 않았습니다. 다른 선생님들은 출석부를 들고 교실로 들어가는 시간에 혼자 교무실에 앉아 있어야 했습니다. 정말 견딜 수 없는 고통이었습니다.[3]

최 선생님은 감옥에 있는 제가 오히려 부럽다는 편지를 보내면서, 수업 없는 교사가 무슨 교사냐며 하루에도 몇 번이나 뛰쳐나가고 싶은 충동을 느낀다고 안타까워했습니다. 그 고통을 참지 못하고 스스로 그만두고 나가도록 하기 위한 재단 측의 악랄한 일종의 고문이었지요.

며칠 전 최문희 선생님의 편지를 또 받았습니다. 아이들과 수업하는 꿈을 자주 꾼다고요. 수업은 그만큼 교

---

3 최문희 선생님은 당시 학교의 비리 등을 고발하여 사학민주화 투쟁에 앞장 섰다가 학교 재단으로부터 해임당했으나 법원에서 승소하여 복직했다. 하지만 학교에서 수업 배제 등으로 탄압받았다. 당시는 비슷한 탄압 사례가 아주 많았다.

사에게는 귀한 것이었겠지요. 저도 벌써 수업을 빼앗긴 지 네 해째입니다. 거리의 교사가 되어 집회장 같은 데서 여러 사람 앞에 서게 되는 경우(특히 대학생들 모임에서는) 언제나 수업하는 마음으로 임하곤 했습니다. 어떤 때는 노골적으로 이것은 나의 수업이라고 선언하여 참석자들 이 웃기도 했습니다.

이번에 재판을 받으면서도 법정에서 모두진술(冒頭陳 述)을 하면서 '이 시간은 이 시대를 살아가는 한 교사의 수업'이라고 규정하기도 했습니다. 심지어 감옥 독방에 서 서로 얼굴을 보지 못하면서도 다른 방 동지들에게 철 창 밖을 향해 외쳐 대면서 수업하는 마음으로 연설하기 도 했습니다. 수업을 중단하는 것은 교사로서 호흡이 다 하는 것이었기에, 저는 저의 생명을 빼앗기지 않기 위 해 나름대로 수업을 하며 버티는 것이지요.

수업이 그립습니다. 교재를 준비하고, 출석부와 분필 을 손에 들고 조금은 흥분되는 마음으로, 또 한 시간의 만남을 위해 교실로 향할 때 그 기분이 눈을 감으면 사 르르 온몸으로 밀려옵니다.

'오늘은 무슨 말로 수업을 시작할까?'

'어떻게 하면 저 삼킬 듯한 초롱초롱한 눈망울들을 온 가슴으로 받아 안고 뜨겁게 하나가 될 수 있을까?'

교단 위에 올라 교탁 앞에 서서 아이들을 죽 한번 훑어볼 때의 그 떨림, 아이들과 눈이 마주칠 때마다 은밀히 교환되는 그 따뜻한 신뢰와 사랑의 마음, 지금도 저의 마음은 그렇게 떨리고 있습니다.

학생과 교사가 함께 만족하는 좋은 수업은 우리 교사들에게는 끝없는 도전입니다. 산을 오르는 사람이 정상에 도달했을 때 느끼는 성취감처럼 한 시간의 수업이 멋지게 끝났을 때 느끼는 행복감은 누구도 맛볼 수 없는 교사만의 기쁨입니다.

교재 연구나 다른 일 등으로 쌓인 피로도 아침 안개처럼 말끔히 사라지는 순간이지요. 그 짜릿한 맛에 한 번 들이면 그만두기 힘든 것이 교직 생활이기도 합니다.

그러나 입시를 목표로 하는 성적(또는 지식) 위주의 현행 수업 여건은 이러한 기쁨을 빼앗아 버리곤 합니다. 거기다가 급격하게 변화하는 사회와 학생들, 폭발하는 새로운 정보와 지식들은 우리에게 남은 학습 지도안 몇 권으로는 버틸 수 없게 만들고 있습니다. 이제는 순수한 마음이나 단순한 열정만으로도 아이들을 만족시킬 수가 없게 된 것입니다.

교사는 더 좋은 수업을 위해 끊임없이 도전합니다. 새로운 수업 모형을 찾아 성공적인 선배나 동료의 경험을 받아들이기 위해 노력하지 않으면 안 됩니다. 오늘 우리가 대선배 교사인 예수의 수업에 참관해 보는 것은 이런 우리의 어려움을 해결하는 데 조금이라도 도움이 되리라 믿기 때문입니다.

야외에서 행한 예수의 수업

마태오복음 5장에서 7장까지는 예수의 한 시간 수업 내용을 기록한 것입니다. '산상 설교' 혹은 '산상 수훈'이라고도 불리는 이 설교는 기독교 가르침의 요체로 평가되지요.

공관복음 가운데 가장 먼저 쓰인 마르코복음에는 없는 내용입니다만 마태오나 루가에는 기록되어 있습니다. 후대로 가면서 성경의 내용이 풍부해지며 포함된 내용이라 생각됩니다.

그런데 루가의 기록은 마태오의 기록보다는 내용도 훨씬 빈약하고 조금 차이도 있습니다. 이 설교를 한 장소도 루가는 산에서 내려와 평지에서 했다고 기록(루가 6:7)하고 있습니다만 그것이 큰 문제가 되지는 않을 것 같습니다.

내용이 풍부한 마태오의 기록을 중심으로 저의 수업 참관기를 써 보려고 합니다. 마태오복음 5장은 이렇게 시작되고 있습니다.

예수께서 무리를 보시고 산에 올라가 앉으시자 제자들이 곁으로 다가왔다. 예수께서는 비로소 입을 열어 이렇게 가르치셨다. (마태오 5:1-2)

수업 장소 : 산

대상 : 무리

방법 : 강의식

'산 위'라는 야외 교실에서 '무리'라는 많은 학생을 대상으로 했으니 무척 힘든 조건이었습니다. 성경 다른 곳의 기록에 의하면 한 번 설교할 때 5천 명도 모이고 (마태오 14:13-21), 4천 명도 모인(마태오 15:32-39, 게다가 여자와 아이는 포함되지 않음) 것으로 보아 이 산상 수업에도 적게는 수천 명에서, 많게는 수만 명이 참석했음을 짐작할 수 있습니다.

의문스러운 것은 확성기 시설도 없던 시대에 그 많은 사람에게 무슨 방법으로 강의했느냐는 것입니다. 그때의 상황을 다시 한번 주의해서 검토하면서 수업 장면을 재현해 보도록 합시다.

'예수는 무리를 보고 산에 올라가지 않았고', '제자들이 곁으로 다가와 앉았고', '그리고 비로소 입을 열었습니다.'

많은 무리는 그 주위 산등성이와 골짜기에 자리 잡고 앉았겠지요. 먼 곳에 있는 사람들에게는 예수의 얼굴도 안 보였을 것입니다. 수천 혹은 수만 명이 모이는 집회나 시위에 참여해 본 일이 있으시죠? 확성기가 없는 상황에서 리더가 무엇을 전달할 때를 기억하실 것입니다.

"마이크! 마이크! 자 다 같이 따라 합시다!"

한 사람이 이렇게 외치면, 그 소리가 들리는 사람들이 그 내용을 따라 외치고, 그것을 들은 사람들이 또 뒷사람들에게 전하는 방식 말입니다.

예수는 주위에 있는 제자들에게 나지막한 소리로 말씀하셨을 것 같습니다.

"마음이 가난한 사람은 행복합니다."

그러면 주변에 있던 제자들이 "마음이 가난한 사람은 행복합니다"라고 크게 따라 외치고, 그 소리를 들은 사람은 또 뒷사람들에게 "마음이 가난한 사람은 행복하다고 말씀하셨어" 전달하고, 그렇게 해서 그 말씀은 들불이 번지듯 온 등성이와 골짜기로 퍼져갔겠지요. 사람들은 이렇게 전달되어 온 선생님의 말씀을 들으며 생각에 잠기기도 하고, 또 조그만 소리로 앞사람과 그 내용에 관해 이야기를 나누기도 하고 말입니다. 강의와 토론이 혼합된 아주 독특한 수업 형태입니다.

교사가 학생의 정서에 함께 참여하는 것

이 수업 방법은 그때 그러한 조건에서 어쩔 수 없이 사용된 최고의 방법일 것입니다. 수업은 그때의 조건에 맞아야 한다는 것은 평범하면서도 중요합니다. 그 조건에 맞으려면 수업을 이끌어가는 교사는 수업의 외부 조건을 자세히 파악하고 있어야겠지만, 무엇보다도 수업에 임하는 대상인 학생을 정확히 파악하고 있어야 합니다.

예수는 이 모든 것에 철저했습니다. 당시 그 산에 모인 사람들은 로마 제국의 탄압에 시달리던 이스라엘 민중들이었습니다. 같은 유대 민족이면서도 로마에 빌붙어 동족을 수탈하고 괴롭히던 기득권층에 의해 이중의 고통을 당하던 가난한 사람들이었습니다. 병든 사람도 많겠지요. 피압박 민족의 고통과 슬픔, 분노가 쌓인, 오로지 민족의 해방만을 간절히 열망하던 민중들이었습니다.

교사 예수는 이러한 수업의 대상을 정확히 파악하고, 또 공감하고 이해하며 그들과 같은 마음을 가졌을 것입니다. 교사와 학생이 일체가 되는 것, 교사가 학생의 공통된 정서에 함께 참여하는 것, 이것은 좋은 수업을 위한 교사의 기본 자세일 것입니다. 그럴 때라야만 교사의 말이 교사의 입에서 뱉어지는 생소한 말이 아니라, 자기 마음속에서 울려 나오는 스스로 목소리로 들릴 것이니까요.

민중의 절실한 문제들을 환기하는 수업

이러한 상태에서 예수는 조용히 수업을 시작했습니다. 도입 단계에서 예수는 바로 그 민중들 속에 들어가 그들과 함께 아파하며 그들의 가장 절실한 문제들을 가장 아름다운 시의 언어로 제기합니다. 완전히 학생들을 일치시키고 사로잡는 도입 단계입니다.

> 마음이 가난한 사람은 행복하다.
> 하늘나라가 그들의 것이다.
> 슬퍼하는 사람은 행복하다.
> 그들은 위로를 받을 것이다. (마태오 5:3-4)

예수의 말씀은 가난하고 슬픈 마음을 가진 그들의 마

음에서 마음으로 전달되었습니다.

"이봐, 가난한 사람은 행복하대."

"뭐! 우리같이 가난한 사람이 행복하다고?"

"응! 하늘나라가 그들의 것이래!"

"뭐? 해방된 세상이 우리 것이라고? 우리가 로마 놈들을 몰아내고 좋은 세상 만들면 주인이 된다는 말이지?"

"물론 그렇겠지."

"그래, 또 뭐래? 잘 들어 봐, 이 사람아."

"알았어! 좀 조용해 보게."

이렇게 온 산골짜기 교실은 한 덩어리가 되기 시작했습니다.

"슬퍼하는 사람은 행복하다는구먼. 그들이 이제 위로받을 거래."

"그래, 그동안 우리는 너무 많이 울었어. 우리가 위로받지 않으면 누가 위로받겠어?"

억압받고 가난하여 헐벗고 굶주리고 병들고 그렇게 너무도 슬픈 세월만 보내온 그들에게 예수의 한마디는 포근한 어머니 품속처럼 너무도 따뜻했습니다.

수업의 도입은 이렇게 학생들에게 뜨겁게 다가가 그들의 영혼을 사로잡는 힘이 있어야 합니다. 예수는 계속해서 조용히 그들의 절실한 현실을 통해 출렁이는 파도처럼 그들의 마음속으로 물결쳐 갑니다.

온유한 사람은 행복하다.

그들은 땅을 차지할 것이다.

옳은 일에 주리고 목마른 사람은 행복하다.

그들은 만족할 것이다.

자비를 베푸는 사람은 행복하다.

그들은 자비를 입을 것이다.

마음이 깨끗한 사람은 행복하다.

그들은 하느님을 뵙게 될 것이다.

평화를 위하여 일하는 사람은 행복하다.

그들은 하느님의 아들이 될 것이다.

옳은 일을 하다가 박해를 받는 사람은 행복하다.

하늘 나라가 그들의 것이다. (마태오 5:5-10)

예수는 나라 잃은 민족의 슬픔을 얘기하며 민족 해방을 위해 분발할 것을 촉구합니다. '옳은 일을 위해 목말라 해야' 하며, '평화를 위해 일해야' 하며, '옳은 일을 하다가 박해를 받더라도' 떨쳐 나서야 한다고 외칩니다. 가장 부드러운 것이 가장 강하다는 신념을 가지고 잔잔하게 말씀하고 있는 것입니다.

같은 내용을 기록한 루가복음은 더욱 확실하게 그때 도입 부분에서 예수가 어떻게 그 많은 군중을 사로잡으며 수업을 시작했는지 더 잘 보여 줍니다. 다른 때 다른 곳의 다른 사람의 얘기가 아니라, 바로 지금 그 자리에 모인 사람들의 가장 절실한 문제를 제기하는, 살아 숨 쉬는 내용 바로 그것입니다. 루가의 기록을 보면 다음과 같습니다. 마태오의 기록과 비교해 보면 참고가 되리라 생각됩니다.

그때에 예수께서 제자들을 바라보시며 말씀하셨다.

가난한 사람들아, 너희는 행복하다.

하느님 나라가 너희의 것이다.

지금 굶주린 사람들아, 너희는 행복하다.

너희가 배부르게 될 것이다.

지금 우는 사람들아, 너희는 행복하다.

너희가 웃게 될 것이다.

사람의 아들 때문에 사람들에게 미움을 사고

내어쫓기고 욕을 먹고 누명을 쓰면 너희는 행복하다.

그럴 때에 너희는 기뻐하고 즐거워하여라.

하늘에서 너희가 받을 상이 클 것이다.

그들의 조상들도 예언자들을 그렇게 대하였다.

그러나 부요한 사람들아, 너희는 불행하다.

너희는 이미 받을 위로를 다 받았다.

지금 배불리 먹고 지내는 사람들아, 너희는 불행하다.

너희가 굶주릴 날이 올 것이다.

지금 웃고 지내는 사람들아, 너희는 불행하다.

너희가 슬퍼하며 울 날이 올 것이다.

모든 사람에게 칭찬을 받는 사람들아, 너희는 불행하다.

그들의 조상들도 거짓 예언자들을 그렇게 대하였다.

(루가 6:20-26)

살아 있는 비유

예수는 이렇게 도입 부분에서 대중의 가장 절실한 문제를 제기함으로써 마음을 연 다음, 전개 부분으로 들어가며 차분하게 하고 싶은 얘기를 풀어나가고 있습니다.

- 너희는 세상의 소금이요, 빛이다.
- 율법은 폐기되는 것이 아니라 완성되는 것이다.
- 성내지 말라.
- 간음하지 말라.
- 이혼하지 말라.
- 맹세하지 말라.
- 보복하지 말라.
- 원수를 사랑하여라.
- 자신을 더욱 겸손하게 해라.
- 기도는 간략하게 하라.
- 단식은 남에게 보이기 위해서 해서는 안 된다.
- 하늘나라에 재물을 쌓아라.
- 눈은 몸의 등불이다.

- 하나님이냐? 재물이냐?

- 먼저 하나님의 나라를 구하라.

- 남을 판단하지 말라.

- 거룩한 것을 욕되게 하지 말라.

- 구하라, 찾으라, 문을 두드리라.

- 좁은 문으로 들어가라.

- 열매를 보고 나무를 안다.

전개 단계에서 예수는 올바른 삶을 위한 풍부한 내용을 쉬운 말로 간략하게 정리하여 잘 전달하고 있습니다. 이처럼 쉬운 설명은 좋은 강의의 요체입니다. 쉽게 강의하기 위해서는 교사가 강의 내용을 그만큼 정확하게 이해하고 있어야 합니다.

충분한 연구와 준비를 통해 확실하게 받아들인 내용은 생경하고 애매한 모습이 아닌 분명하고 확실한 교사 자신의 목소리로 나타나게 됩니다. 그럴 때라야만 내용은 쉬워지고, 쉽게 전달될 때라야만 쉽게 이해하고 정확하게 받아들일 수 있습니다.

예수는 조금이라도 이해하기 힘든 내용은 민중들의 일상생활이나 주변 사물들을 통해 비유나 비교 등의 방법으로 설명합니다. 예수는 특히 비유를 설명의 기법으로 많이 사용하는데, 스스로 '비유가 아니면 말을 하지 않는다'(마태오 13:34)라고까지 말할 정도였으니까요. 예수의 비유에 대해서는 다음에 따로 말해 보려고 합니다만, 듣는 사람을 어떻게 하면 쉽고도 확실하게 이해시킬 수 있을까를 고민하는 교사 예수의 모습을 우리는 이런 곳에서도 볼 수 있습니다.

삶과 일치시키는 참공부

성실하고 쉬운 설명으로 본론을 말씀하시고 그 내용의 '실천에 대한 강조'로 예수는 강의를 마무리하고 있습니다(마태오 7:24-27).

대개 수업의 마무리는 전체 강의 내용을 요약하고 핵심 내용, 즉 요지와 주제를 제시합니다. 예수는 그 모든 것과 함께 한 걸음 더 나아가 실행을 강조함으로써, 자칫 머리로 이해하고 마음으로 느끼는 정도에서 끝나 버릴 것을 경계하고 있습니다.

실행이야말로 공부의 핵심임을 강조하는 이 결말은 배운 것이 실제 행동이나 자기의 삶으로 연결되기는커녕, 입시나 성적을 위한 단순한 지식으로 머물러 있기를 강요당하는 요즈음 우리나라 학교 분위기에 경종이 되고 있습니다.

삶과 연결되어 일치시키지 못하는 공부는 참공부가 아니라는 것을 예수는 강조하고 있는 것입니다. 이러한 문제 제기를 우리는 언제나 겸허하게 받아들이고, 한 시간 한 시간 수업에도 끊임없이 강조함으로써 제자들에게 '모래 위에 집을 짓는 어리석은 사람'이 되지 않도록 해야 할 것입니다.

진정한 권위

예수의 수업을 기록한 마태오는 수업이 끝난 뒤 학생들(무리)의 반응과 동참자로서 자기의 생각을 간단히 기록하고 있습니다.

예수께서 이 말씀을 마치시자 군중은 그의 가르침을 듣고 놀랐다. 그 가르치시는 것이 율법학자들과는 달리 권위가 있기 때문이었다. (마태오 7:28-29)

그는 '군중들이 놀랐다'라는 말로 '반응이 아주 좋았다'라는 것과 함께 그 까닭을 '권위'라는 한마디로 표현하고 있습니다. 예수의 강의가 권위 있었기 때문에 군중들이 놀라고 감동했으며, 그래서 수업이 성공리에 끝났다는 마태오의 평가입니다.

여기에서 저는 '교사의 권위'에 대해서 다시 한번 생각해 볼 필요를 느꼈습니다. 한마디로 교사는 '권위'를 가져야 합니다. 물론 '권위주의'와는 엄격히 구별되어야겠지요.

진정한 의미의 '권위'란 무엇이며 어떻게 생겨나는 것입니까? 그것은 제자에 대한 참사랑과 교육 활동에 대한 정열과 성실한 태도 그리고 자기 전공에 대한 전문성에서 비롯됩니다. 이 세 가지를 조화롭게 갖출 때, 그가 입은 옷이나 혹은 지위나 억지로 꾸며내는 몸짓에 상관없이 권위가 넘치게 되는 것입니다.

진정한 권위는 학생들에게 교사에 대한 사랑과 공부에 대한 애정을 불러일으키고 자신을 귀하게 여길 줄 아는, 그러면서도 부지런히 실력을 쌓아 자기의 앞날을 스스로 개척하며 시대가 요구하는 바람직한 인간으로 자라게 할 것입니다.

우리의 수업은 어떻습니까?

한 시간 한 시간이 뜨거움으로 일렁이고 잔잔한 감동으로 끝맺는 수업. 수업을 끝내고 나오면서 느끼는 남모르는 희열, 교사만이 맛볼 수 있는 그 기쁨을 누리는 교육 현장을 만들어 가기에는 너무도 열악한 우리의 교육 현실이 비수가 되어 가슴을 찔러옵니다.

그렇다고 포기하고 물러앉아 버릴 수는 더욱 없는 일입니다. 교사의 호흡인 수업을 위해, 우리의 교사 생명을 유지하기 위해 할 수 있는 모든 일을 다 해야겠지요. 교육 여건도 바꾸고 스스로 권위를 갖기 위해 끊임없이 자기 연수도 게을리해서는 안 되겠지요.

정말 부끄러운 저의 지난 일들이 뇌리를 스칩니다. 그 생각을 하면 지금도 뒷덜미가 섬뜩해집니다. 제가 해직되기 전 저는 인문계 고등학교 3학년을 맡고 있었습니다. 입시를 앞둔 서울의 인문계 고등학교 3학년 교실 분위기는 충분히 짐작이 가시지요? 이건 수업이 아니라 무슨 점수 따기 전투장 같은 분위기입니다. 특히 보충 수업 같은 경우는 더욱 심해서, 많은 학생이 아예 수업을 포기하고 책상에 엎드려 잠이나 자는 상황에서, 저는 처참하게 무너져 가는 제 모습을 보았습니다. 도저히 어떻게 해 볼 수가 없었습니다. 저의 능력이 너무나 보잘것없음에 치를 떨곤 했습니다. 도저히 자신이 없었습니다.

그것은 수업이 아니었습니다. 교사와 학생이 함께 망가져 가는 시간일 뿐이었습니다. 숨이 콱콱 막히는 이런 상황에서 저 스스로 결단을 내리지 않을 수 없었습니다. '내가 살고 아이들도 살리는 길이 무엇일까?' 고민하지 않을 수 없었습니다. 아이들 곁을 떠날 수밖에 없었습니다. 일시적으로야 큰 고통이라 하더라도 더 크고 완전한 사랑을 위해, 이 모든 것을 되찾기 위해, 참교육 운동에

발 벗고 나설 수밖에 없었습니다.

벌써 4년째입니다. 다시 아이들이 그립습니다. 아니 언제나 아이들이 그립습니다. 수업은 교사의 호흡인데, 너무 오랫동안 숨을 쉬어 보지 못한 저의 가슴은 이제 쪼그라들 대로 쪼그라들어 한 줌도 되지 않는 것 같습니다. 수업만이 저의 가슴을 다시 살릴 수 있겠지요?

7장

사랑의 만남

새 학년 새 학급

선생님, 올해도 담임을 맡으셨죠? 담임을 맡아 새 학년을 시작할 때마다 제일 걱정되는 일이 '올해는 또 속을 썩이는 아이들이 몇 명이나 될까?'였는데 선생님 학급은 어떻습니까?

학습 부진으로 성적 때문에 고민하는 아이에서부터, 지각을 상습적으로 하는 아이, 걸핏하면 싸우는 아이, 수업 시간에 장난이 심한 아이, 옷차림이나 머리 모양을 이상하게 하고 다니는 아이, 연예인들에게 푹 빠져 있는 아이, 심지어 자살 충동을 느끼는 아이에 이르기까지 여러 형태의 병든 아이들이 교실 여기저기에 앉아 있는 것을 보면, 걱정으로 한숨이 절로 나오던 때가 떠오릅니다. 정말 '오늘도 무사히'라는 표어가 절실하게 다가오곤 했지요.

특히 우리나라처럼 50명이 넘는 과밀 학급에서는, 담임 교사 한 분의 능력과 노력으로 모든 학생을 골고루 신경 쓴다는 것이 거의 불가능한 일이니, 한 아이라도 소홀히 하지 않으려는 교사들에게는 너무나 벅찬 일이라 하지 않을 수 없습니다.

하지만 우리가 어려움에 부닥친 아이 하나하나를 더욱 잘 보살피고 그 어려움에 동참하여 해결해 나가고 그 아이들에게 새로운 희망과 용기를 갖게 하여 자기의 삶을 더욱 힘차게 살 아갈 수 있도록 개별 지도를 통해 도와주는 것은 참교사의 당연한 의무일 것입니다. 참교사인 예수의 삶이 바로 그런 모습이었으니까요.

누구도 외면하지 않는 예수

예수는 여러 마을로 다니며 회당에서 가르치고 또 더

많은 군중이 모이면 산이나 들에서도 강의를 통해 가르치셨습니다. 그러나 그것으로 끝나지 않았습니다. 강의가 끝난 뒤, 뒤따르는 군중 가운데서 개인적인 어려움을 해결해 주고, 또 일부러 찾아오는 많은 사람을 일일이 만나서 대화해 주었습니다. 또 필요하면 직접 집을 방문하기도 하고 식사를 함께하며 문제 해결을 위해 최선의 노력을 했습니다.

예수께서(말씀을 마치고) 산에서 내려오시자 많은 군중이 뒤따랐다. 그때에 나병환자 하나가 예수께 와서 절하며 "주님, 주님은 하고자 하시면 저를 깨끗하게 하실 수 있습니다." 하고 간청하였다. 예수께서 그에게 손을 대시며 "그렇게 해주마. 깨끗하게 되어라." 하고 말씀하시자 대뜸 나병이 깨끗이 나았다. 예수께서는 그에게 "아무에게도 말하지 마라. 다만 사제에게 가서 네 몸을 보이고 모세가 정해 준 대로 예물을 드려 네 몸이 깨끗해진 것을 사람들에게 증명하여라." 하고 말씀하셨다. (마태오 8:1-4, 마르코 1:40 45, 루가. 5:12-16)

예수께서 산상 설교를 마치고 내려오시며 개인 면담을 통해 어려움을 해결해 준 첫 사례이자 대표적인 사례입니다. 여기서 '나병'이란 학생이 가진 구체적인, 개인적인 어려움(고민)의 상징적 표현이라고 보아도 좋을 것입니다.

한 학생이 자신의 어려운 문제를 가지고 선생님을 찾아온 것입니다. 교사 예수는 사실 상당히 피곤하고 지친 상태였습니다. 힘든 산 위에서의 수업을 끝낸 직후였으니까요. 그러나 예수는 나병 환자를 외면하지 않았습니다. "그런 문제는 내게 얘기할 필요가 없어!" 하고 쫓아버리거나 "내가 지금 피곤하고 바쁘니 다음에 얘기하자" 하고 피하지도 않았습니다. 관심 있게 이야기를 들어주었고 그렇게 함으로 그의 어려움을 해결했습니다.

성경에는 병 고치는 얘기가 많이 나옵니다. 우리가 매일 대하며 가르치고 있는 아이들 중에는 병든 아이들이 많습니다. 지금과 같은 교육 풍토 속에서 성한 아이가 있다면 오히려 그 아이가 비정상이겠지요.

교육 전문지 〈우리 교육〉이 120여 학교 3천6백여 명의 학생을 대상으로 한 여론 조사(1992. 11월호)에 의하면

73% 학생이 죽고 싶은 충동을 느낀다니, 요즘 아이들의 정신 건강의 실태를 충분히 짐작할 수가 있습니다.[4]

아이들은 각자 다양한 고민을 가지고 선생님의 눈치만 살피고 있는지도 모를 일입니다. 그런데 더욱 기막힌 일은 아이들이 자기의 어려운 문제를 의논하는 상대의 반 이상이 또래 친구이고 선생님을 찾아가 상담하는 학생은 겨우 1.4%밖에 되지 않는다니, 요즘 학생들에게 교사가 어떤 존재인가를 단적으로 보여주는 통계일 것입니다.

상담자 예수

참교사 예수를 다시 한번 바라봅시다. 마태오의 기록만으로도 예수는 많은 병자를 위로하고 치료해 주고 있습니다. 위에서 인용한 나병 환자를 고쳐 준 일 외에도,

---

4 2024년 보건복지부 질병관리청이 조사한 800개 학교 총 6만 명의 중고등학생을 대상으로 한 '청소년건강행태조사'에 따르면 최근 12개월 이내에 심각하게 자살을 생각한 비율은 남녀 합산 12.7%였다. 4.8% 학생들이 실제 자살을 계획하고 2.8%는 시도했다.

백인 대장의 하인을 고쳐 주었고(마태오 8:5-18), 베드로의 장모와 다른 많은 병자를 고쳐 주었으며(마태오 8:14-17), 침상에 누인 채 친구들에 의해 운반되어 온 중풍 병자를 고쳐 주었고(마태오 9:1-8), 예수의 옷자락에 몰래 손을 댄 열두 해 동안 하혈병을 앓던 여자를 고쳐 주었으며, 죽은 회당장의 딸을 살려 주기도 했습니다(마태오 9:18-25). 또한, 집 안까지 따라온 소경 두 사람을 고쳐 주었고(마태오 9:27-31), 마귀 들린 벙어리를 고쳐 주었으며(마태오 9:32-34), 회당에서 만난 손 오그라든 사람의 손을 펴 주었고(마태오 12:9-14), 게네사렛 땅의 병자들도 낫게 해주었습니다(마태오 14:34-36). 또한, 믿음이 강한 가나안 여자의 딸을 낫게 하였고(마태오 15:21-28), 갈릴리호숫가 산에서는 절름발이, 소경, 곰배팔이, 벙어리 등 많은 병자를 고쳐 주었으며(마태오 15:29-31), 마귀에 사로잡힌 아이를 고쳐 주었는가 하면(마태오 17:14-20), 예리코의 두 소경의 눈을 뜨게 해주었습니다(마태오 20:29-34).

예수는 이러한 병자뿐 아니라 또 다른 많은 개인적인 고민도 해결해 주는 모습을 성경에서 볼 수 있습니다. 영원한 생명을 얻기 위해 고민하는 부자 청년을 만나 주었고(마태오 19:16-26), 세리 마태오를 찾아 함께 식사했으며(마태오 9:9-13), 예수의 머리 위에 값비싼 향료를 부은 죄 많은 여인을 위로했으며(마태오 26:6-13), 울면서 머리카락으로 발을 닦아 주던 행실 나빴던 여자의 편을 들어주기도 하였습니다(루가 7:36-50). 또한, 마리아와 마르다 자매의 집에 들러 대화했고(루가 10:38-42), 어리석은 부자도 만나 주었으며(루가 12:13-21), 세리 자캐오의 집에 들러 함께 식사하며 얘기했고(루가 19:1-10), 찾아온 사두가이파 사람들과도 부활을 주제로 기꺼이 토론했습니다(루가 20:27-40). 밤에 숙소로 찾아온 니고데모라는 율법가와 거듭남에 관해 얘기를 나누었고(요한 3:1-21), 예수를 찾아온 이방인(그리스인)을 만나 주었고(요한 12:20-26), 심지어는 제자들의 발을 씻어 주기까지 하며 그들과 깊은 대화를 나누었습니다(요한 13:1-20).

그 당시 유대인들은 이방인과의 혼혈인이었던 사마리아인을 개처럼 취급한다거나, 로마를 위해 동족에게서 세금을 걷는 세리를 배신자로 여겨 함께 하는 것을 금했으며, 특히 죄인들(가난한 사람이나 병자들)과 함께 먹고 마시는 것을 죄악시하던 때였으니, 예수의 이러한 행동은 당시 지식인들이나 기득권층이 도저히 용납할 수 없었습니다. 그러니 비난의 대상이 될 수밖에 없었겠지요? 이러한 비난에 대해 예수는 분명히 말했습니다.

성한 사람에게는 의사가 필요하지 않으나 병자에게는 필요하다. 나는 의인을 부르러 온 것이 아니라 죄인을 부르러 왔다. (마르코 2:17)

참교사의 자세는 어떠해야 하는가를 분명히 보여 주는 말입니다.

욕심을 버리고

교사인 우리도 많은 학생을 가르치면서 우리가 대상으로 하는 학생에 대한 관점을 분명히 할 필요가 있습니다. 예수께서 회당과 여러 곳에서 대중에게 설교하고 가르친 것처럼 우리도 학생들을 대상으로 충실하게 가르칠

것을 가르쳐야 합니다.

그리고 예수가 많은 병자를 개별적으로 만나 고쳐 주고 또 고민이 있는 사람과 대화하여 고민을 해결해 준 것처럼, 우리도 학급에서 소외당하고 이런저런 어려움이나 고민 속에 빠져 있는 아이를 개인적으로 만나 그 어려움을 함께 해결해야 할 것입니다.

아흔아홉 마리의 건강한 양을 그냥 두고 길 잃은 한 마리 양을 찾아 나서는 목자(마태오 18:10-14)의 태도가 참교사의 태도임을 분명히 밝혀야 할 것입니다. 또한, 제자의 발을 씻기며 철저히 자기를 낮추고 봉사하는 교사의 자세를 보여 준(요한 13:1-20), 예수의 참교사로서의 모범을 본받으려고 노력해야 할 것입니다.

아무리 우수한 교사라도 그가 인간이기 때문에 불완전하고 부족할 수밖에 없는 것 또한 사실입니다. 우리의 출발은 어쩌면 이렇게 자신의 부족함에서 출발해야 하는지도 모를 일입니다. 그리고 우리와 함께 교실에 있는 '까아만 먹머루빛 눈망울'을 가진 아이들은, 우리가 그러하듯이 그들 또한 긴 삶의 여정 중 짧은 1년 내지 3년을 우리와 마주하고 있는 것입니다.

우리가 1년 동안 그들에게 미칠 교육적 영향은 사실 얼마 되지 않습니다. 더욱이 그들이 저렇게까지 성장하도록 이미 받은 긴 기간의 잘못된 교육적 영향은 상당히 굳어져 버렸습니다. 우리가 그들을 완전히 새롭게 바꾸어 놓는다는 욕심은 버려야 합니다. 한 인간을 새로운 모습으로 바꾸어 놓는 일은 엄청나게 힘든 일입니다. 또한, 스스로 자라면서 자기 모습을 형성해 가는 독립된 개체로서의 자주적 인간에게 어떤 고정된 모습을 강요하는 것도 경계해야 할 일입니다. 독립적이고 자주적인 한 인격체 앞에 또 다른 한 자주인으로 당당히 서서 실천으로 모범적인 참교사의 모습을 보여 주는 것, 그것이 우리의 자세가 되어야 하지 않을까 생각해 봅니다.

'네 믿음이 너를 낫게 했다'라고 하며 끊임없이 인간의 자주성을 강조하는 예수의 인간관을 우리는 잠시라도 잊어서는 안 될 것입니다.

8장

참교사의 삶

마태오복음 10장은 예수께서 열두 제자를 불러 파견
하면서 당부한 말로 이루어져 있습니다. 교사로서 현장
교육에 임하면서 가져야 할 태도나 자세에 대해 구체적
으로 가르치는 내용입니다. 오늘 우리에게도 살아 있는
교훈이기에 함께 살펴보고자 합니다.

예수께서 이 열두 사람을 파견하시면서 이렇게 분부하셨다.
"이방인들이 사는 곳으로도 가지 말고 사마리아 사람들의
도시에도 들어가지 마라. 다만 이스라엘 백성 중의 길 잃은
양들을 찾아가라. 가서 하늘나라가 다가왔다고 선포하여라.

앓는 사람은 고쳐주고 죽은 사람은 살려주어라. 나병환자는 깨끗이 낫게 해주고 마귀는 쫓아내어라. 너희가 거저 받았으니 거저 주어라." (마태오 10:5-8)

길 잃은 양과 하늘나라

예수의 첫 번째 가르침은 현장 교육에 임하면서 우선 '교육 대상'과 '교육목표'를 분명히 하라는 것입니다.

이방인들이 사는 곳이나 사마리아 사람들의 도시로 가지 말라는 당부는 다른 복음서에는 없습니다. 이것은 성경 기록자의 관점이 표현된 것이라고 할 수 있겠으나, 저는 교육의 단계로 보고 싶습니다.

제자들의 능력을 누구보다도 잘 알고 있는 예수였기에, 아직 제자들이 이방인이나 사마리아의 도시에서 가르치기에는 역량이 부족하거나 문제가 있으므로, 우선 쉬운 대상인 이스라엘 백성을 가르치라는 것입니다.

자기의 역량에 맞게 가르친다는 것은 매우 중요합니다. 또 교육의 대상에 따라 전문화하는 것도 바람직합니다. 유치원이나 초등과 중등, 고등 교육이 대상에 따라

세분되어 있고 각각 그 영역이 독자성을 띠며 전문화되어야 하는 것은 당연합니다.

예수가 죽고 난 뒤에 제자들은 선교의 대상 지역을 넓혀 사마리아뿐만 아니라 땅끝까지 이르러 복음을 전파하는 단계로 발전하게 되고, 또 제자들의 각자 특성에 따라 지역을 나누어 맡음으로 전문성을 제고시킨 일은 모범적인 사례라 아니할 수 없습니다.

여기에서 우리는 예수가 강조하는 것이 교육자와 피교육자의 조화로, 그것은 교육 대상을 정도에 맞게 적절히 선정하는 것으로 구체화 되고 있음을 알 수 있습니다. '길 잃은 양들을 찾아가라'라고 표현된 교육 대상의 선정에 대해서는 앞에서 이미 살펴본 바 있습니다만, 헐벗고 굶주리고 병들어 고생하는 사회에서 소외당하고 착취당하는 민중, 즉 기층 계급을 대상으로 해야 한다고 강조하고 있습니다.

더욱이 '찾아가라'라고 가르치는 것은 교사의 능동적이고도 적극적인 자세의 강조라고 할 수 있겠습니다. 마지못해, 어쩔 수 없이 하는 것이 아니라 학급에서나 가정 등 어느 곳에서든지 소외당하고 고통받는 아이들을 적극적으로 찾아가서 함께 하고 가르치라는 명령입니다.

교육의 내용은 역시 '하늘나라가 다가옴을 선포하는 것'입니다. 외세에서 해방되는 세상, 억압에서 해방되는 세상, 가난에서 해방되는 세상, 착취에서 해방되는 세상, 이러한 세상이 바로 하늘나라요, 해방 공동체일 것입니다.

이러한 해방 공동체의 선포야말로 교육의 영원한 목표가 되어야 할 것입니다. 그런 해방 공동체를 향해 끊임없이 나아가게 하는 것이 바로 교육의 사회적 기능이니까요. 이렇게 대상과 목표를 분명히 함으로써, 민중 한 사람 한 사람에게 구체적으로 필요로 하는 것을 찾아 주는 과정이 또한 교육입니다. '앓는 사람을 고쳐 주고, 죽은 사람은 살려 주고, 나병환자는 깨끗하게 해주고 마귀는 쫓아내는', 각자에게 필요한 개별 교육이 이루어져야 한다는 것을 예수는 강조하고 있습니다.

일하는 사람은 자기 먹을 것을 얻을 자격이 있다

계속해서 예수는 당부합니다.

전대에 금이나 은이나 동전을 넣어 가지고 다니지 말 것이며, 식량 자루나 여벌 옷이나 신이나 지팡이도 가지고 다니지 마라. 일하는 사람은 자기 먹을 것을 얻을 자격이 있다.

(마태오 10:9-10)

예수는 교사가 견지해야 할 자세로 돈에 대한 경계를 강조하고 있습니다. 너무 심하다고 할 정도입니다. 그러나 예수는 분명히 말합니다. 일하는 사람은 그 일을 통해 먹을 것을 얻을 자격이 있다고 말입니다. 노동에 대한 정당한 대가는 정당한 권리입니다.

이러한 예수의 가르침은 요즈음 우리나라 교직 사회 세태에 비추어 보면 큰 교훈을 줍니다. 우리 사회의 전반적인 분위기와 임금 제도의 모순에서 비롯된 것이라 하더라도, 예수가 강조한 것처럼 가장 돈과 멀어야 할 교직 사회가 각종 검은돈으로 얼룩져 있다는 것은 누구나 인정하는 사실입니다. 심지어 돈으로 교직을 사는가 하면 돈봉투로 점수를 사려는 학부모도 있고, 그에 부응하여 돈을 받고 성적을 파는 교사까지 있으니까요. 예수는 말합니다. 교사가 되려면 '금이나 은, 돈'은 말할 것도 없고 '식량 자루나 여벌 옷, 신이나 지팡이'까지도 준비해서는 안 된다고 말입니다.

오로지 교육 노동을 통해 정당하게 받는 보수로만 생활해야 하고, 그것은 반드시 보장된다고 말하고 있습니다. 생활이 좀 어렵더라도 이러한 마음을 가지고 또 그렇게 실천할 때라야만 참교육은 가능할 것입니다.

뱀 같은 지혜, 비둘기 같은 온유

예수는 또 가르칩니다.

이제 내가 너희를 보내는 것은 마치 양을 이리떼 가운데 보내는 것과 같다. 그러므로 너희는 뱀같이 슬기롭고 비둘기같이 양순해야 한다. (마태오 10:16)

이런 가르침을 통해서도 우리는 예수가 얼마나 철저한 현실적 사고의 소유자인가를 잘 알 수 있습니다. 뱀은 잘 아는 대로 하와를 범죄케 한 죄로 하나님으로부터 저주받은, 성경에서는 가장 나쁜 동물입니다. 그런데도 예수는 필요에 따라서는 그 뱀의 슬기까지도 용납해야 한다는 것입니다.

여러 유형의 대상, 그들 모두에게 적절한 가르침을 주기 위해서는 '가르치는 기술'이 다양해야 한다는 것과, 그것은 또한 복잡한 세상을 지혜롭게 사는 삶의 태도임을 예수는 지적하고 있는 것입니다.

이는 수단과 방법을 가리지 않고, 정당한 목적을 위해서라면 어떤 수단이나 써도 좋다는 말은 아닙니다. '슬기로워라'라는 말은 그 자체가 '삶을 사는 올바른 지혜를 가져라'라는 뜻이기 때문입니다.

그러나 슬기로움만으로는 부족하기에 거기에 '양순(良順)'을 보태고 있습니다. 슬기와 양순이 어우러져 조화를 이룰 때 비로소 알찬 삶이 될 수 있습니다. 특히 교사의 삶에 요구되고 강조되는 것이 바로 이러한 슬기와 양순의 삶이라는 것이죠. 슬기는 전문성이요, 양순은 인간애, 즉 따뜻한 성품을 가리키는 것이기에, 교사로서 학문에 대한 전문성과 인간을 대하는 따뜻한 마음이 조화를 이

룰 때 비로소 활발하고 바람직한 교육 성과를 기대할 수 있습니다.

평화와 칼

예수는 또 가르칩니다.

> 그러므로 그런 사람들을 두려워하지 마라. 감추인 것은 드러나게 마련이고 비밀은 알려지게 마련이다. (마태오 10:26)

여기서 '그런 사람들'이란 물론 이렇게 저렇게 교육을 방해하는 사람들입니다. 요즘 학교로 치면 잘못된 생각을 가진 교육 관료, 즉 교장, 교감 등일 수도 있고 또는 돈으로 성적을 흥정하려는 학부모일 수도 있겠고, 이런저런 이유를 대며 교사로서 임무를 망각하고 아무렇게나 행동하는 교사일 수도 있겠습니다.

더 나아가 스스로 참교육을 해보려는 교사들을 도와주기는커녕 탄압을 일삼는 부도덕한 정권일 수도 있고, 민족과 계급 모순으로 심각한 갈등을 일으키고 있는 사회 체제일 수도 있겠지요.

이런 모든 비교육적인 개인이나 집단을 두려워해서는 안 된다고 예수는 가르치고 있습니다. '감추인 것은 드러나게 마련'인 것처럼 정의와 진실은 반드시 이긴다고 예수는 말하고 있습니다.

내가 어두운 데서 말하는 것을 너희는 밝은 데서 말하고, 귀에 대고 속삭이는 말을 지붕 위에서 외쳐라. (마태오 10:27)

불의와 비진리를 보면 용감하게 외쳐야 합니다. 반교육적 작태나 비민주적이고 반민족적인 행위에 대해서는 단호하게 대처해야 합니다. 그런 것들에 대해서는 언제나 '밝은 데서 말하고', '지붕 위에서 외쳐라'라고 예수는 가르치고 있는 것입니다. 그러면서 예수는 또 말합니다.

내가 세상에 평화를 주러 온 줄로 생각하지 마라. 평화가 아니라 칼을 주러 왔다. (마태오 10:34)

무슨 문제든지 적당히 해결될 수는 없다는 것입니다. 드러낼 것은 드러내고 맞부딪힐 것은 과감하게 부딪쳐야 합니다. 적당히 얼버무려진 평화는 참평화가 아닙니다. 예수는 더욱 극단적인 예까지도 서슴지 않고 들고 있습니다.

> 나는 아들은 아버지와 맞서고 딸은 어머니와, 며느리는 시어머니와 서로 맞서게 하려고 왔다. (마태오 10:35)

우리가 이 혼탁한 세상에서 진리를 지키고 정의를 세워 내기 위해서는 이 정도의 각오와 결단이 필요합니다.

이 시대의 교사로서 참교육을 위해 얼마나 많은 선생님이 아버지와 맞서고 어머니와 맞서고 또 시어머니와 맞섰습니까? 그까짓 교장, 교감이나 다른 교육 관료나 동료 교사와 맞서는 것은 어떻게 보면 지극히 당연한 일입니다. 또 그렇게 해야 하는 일이라고 예수는 가르치고 있습니다. 진정한 평화를 위해서는 먼저 칼을 들 필요가 있습니다. 참교육을 위해서, 또 우리 아이들을 위해서는 모든 반교육적인 사람들과 맞서는 것은 오히려 꼭 필요한 일이라고 예수는 가르치고 있는 것입니다.

자기 십자가

예수는 계속해서 말합니다.

또 자기 십자가를 지고 나를 따라오지 않는 사람도 내 사람이 될 자격이 없다. (마태오 10:38)

그렇습니다. 우리 모두에게는 스스로 져야 할 자기 몫의 십자가가 있습니다. 그것을 기꺼이 지고 나가는 자가 참제자임을 예수는 가르치고 있습니다.

참교육을 이 땅에 이룩하기 위해 우리는 각자 자기의 십자가를 지고 있습니다. 가진 능력이나 맡은 역할에 따라 각각 다른 십자가를 지고 있습니다. 이 십자가를 기꺼이 지는 길만이 교사로서 자신을 구원하는 길이요, 우리나라 교육과 장래를 구하는 일입니다. 비록 현재는 고통이라 하더라도, 그 고통을 통해 이루어 내는 아름다운 미래가 있음을 확신하며 당당히 자기 십자가를 지고 각자의 자리에 있어야 할 것입니다.

이제 제자를 파견하며 당부하며 가르치는 예수는 결론을 맺습니다.

자기 목숨을 얻으려는 사람은 잃을 것이며 나를 위하여 자기 목숨을 잃는 사람은 얻을 것이다. (마태오 10:39)

참교육을 위해 우리는 우리의 교사로서의 생명인 교단과 제자를 잃었습니다. 그렇게 함으로써 우리는 더 큰 생명을 얻은 것입니다. 현장에 남든 해직을 당하든, 우리는 참교육을 위해 목숨마저도 버리는 마음이었고, 또 구체적인 실천이 따랐습니다. 그러한 엄청난 힘이 있었기에 우리는 지금까지 버티어 올 수 있었고 이제 승리를 눈앞에 두고 있는 것입니다. 그것은 바로 예수의 가르침이요, 예수의 교육학이었습니다.

지금 선생님께서 지신 십자가도 엄청나게 무겁지요?

그것은 선생님께서 그만큼 교사로서 참교육에 대한 열

망이 크시기 때문입니다. 또한, 그것은 선생님의 책임이 그만큼 크시기 때문이기도 합니다. 저도 가끔은 저의 현실을 돌아보곤 합니다. 제가 진 십자가가 저의 능력에 비해 너무 무거워 짜증스럽기도 하고 안타깝기도 합니다. 그럴 때마다 저는 예수가 제자를 파견할 때 했던 이 당부의 말들을 다시 한번 생각해 보고, 또 예수 스스로 엄청난 자신의 십자가를 지고 책임 있게 살았던 빛나는 삶을 바라보면서 위로와 격려를 받습니다.

결국 자기 십자가를 기꺼이 지고 사는 삶이 우리의 삶이라는 사실을 확인하면서, 한 번밖에 주어지지 않은 이 삶을 어떻게 하면 좀 더 알차고 책임 있게 살 수 있을 것인가를 생각합니다. 또한, 교사로서 우리의 삶이 참삶이 되는 길이 곧 참교육을 이루어 나가는 길임을 믿으며, 오늘도 저의 보잘것없는 조그만 삶을 겸손하게 살아갈 뿐입니다.

9장

참교사의 자세

이런 선생님만 계셨으면

오늘은 제가 근무하던 학교에서 보내온 학교 신문을 받아 보고 감회가 새로웠습니다. 물론 담당 교사가 지도는 합니다만, 거의 학생들 스스로 만드는 신문이지요. 저 자신을 다시 한번 돌아보게 하는 정신이 번쩍 나게 하는 글이 있기에 소개하면서 얘기를 시작할까 합니다. 고등학교 2학년 학생이 쓴 〈이런 선생님만 계셨으면〉이란 제목의 글입니다.

나는 남을 눌러야만 잘살 수 있다는 말씀으로 대학 가기를 강요하는 선생님보다는 참되고 바르게 살도록 이끌어 주시는 선생님을 존경한다.

친구도 필요 없고 남 잘 때 한 시간 더 공부하라고 이기적인 경쟁심만 길러 주시는 선생님보다는 함께 살아가는 지혜를 깨우쳐 주는 선생님이 더 좋다.

잘못된 것을 잘못되었다고 말씀해 주시는 선생님을 존경하고 잘못된 것을 바로잡으려고 애쓰시는 선생님을 더욱 존경한다. 진리와 양심에 따라 가르쳐 주시고 불의와 부정을 보고는 맞서 싸울 줄 아는 선생님을 존경한다. 자기만 편해지려는 생각을 버리고 시대의 부름과 정의의 목소리에 귀 기울이는 선생님을 사랑한다.

일류 대학 간 제자 수를 자랑하는 선생님보다는 우리 민족의 앞날을 걱정하고 고민하는 선생님을 더욱 자랑스럽게 생각한다. 그리고 우리들의 고민과 아픔을 자신의 것으로 여기며 함께 뒹굴고 뛰놀며 다독거려 주시는 그런 선생님을 모시고 싶다.

편리함을 좇아 매를 드시는 선생님보다는 오직 사랑으로만 채찍질해 주시는 선생님, 친일파의 시를 미사여구로 분석

하기보다는 그가 어떻게 민족을 팔아먹었는지 일러주시고 올곧은 시 한 편을 더 읽어주시는 선생님, 교과서에 나오지 않는다고 그냥 지나치지 않고 4·19에 대해, 5월의 광주에 대해, 외래문화의 무분별한 수입에 대해, 통일의 필요성에 대해 말씀해 주시는 선생님, 나는 이런 선생님을 모시고 수업받기를 간절히 바라고, 또 이런 선생님을 존경하고 사랑한다.

어떻습니까? 아이들은 언제나 이렇게 건강합니다. 그리고 예리합니다. 초롱초롱한 눈으로 바라보는 그들의 눈망울은 우리의 게으른 영혼을 흔들어 깨우고 있습니다.

저는 이런 글을 대할 때나 학생들과 개인적인 대화를 나눌 때 언제나 느끼고 깨닫는 것이 있습니다. 교사가 얼마나 학생을 올바르게 이해하지 못하고 또 낮게 평가하고 있는가에 대한 놀라움입니다.

우리는 자신도 모르게 아이들을 잘못된 고정관념의 틀 속에 가두어 놓고 있습니다. 그러면서 오만하게 아이들 위에 군림하고 있습니다. '네까짓 것들이' 하는 마음을 버리지 않는 한 올바른 교육은 힘듭니다. 아이들의 정신과 마음, 아이들의 고귀한 영혼을 제도나 권위주의 혹은 관습이나 관행의 틀 속에 가두어 놓고 진정한 교육을 기대할 수 없습니다.

실사구시 정신

오늘 예수도 그 관념의 틀을 깨라고 외치고 있습니다. 그리고 모든 것을 사람 중심, 제자 중심의 자세로 임해야 한다고 하면서 기존의 율법주의와 권위주의에 과감히 도전하고 있습니다.

그 무렵 어느 안식일에 예수께서 밀밭 사이를 지나가시게 되었는데 제자들이 배가 고파서 밀 이삭을 잘라 먹었다. 이것을 본 바리사이파 사람들이 예수께 "저것 보십시오. 당신의 제자들이 안식일에 해서는 안 될 일을 하고 있습니다." 하고 말했다. 예수께서 이렇게 대답하셨다. "너희는 다윗의 일행이 굶주렸을 때에 다윗이 한 일을 읽어보지 못하였느냐? 그는 하느님의 집에 들어가서 그 일행과 함께 제단에 차려놓은 빵을 먹지 않았느냐? 그것은 사제들밖에는 다윗도 그 일행도 먹을 수 없는 빵이었다. 또 안식일에 성전 안에서는 사제들이 안식일의 규정을 어겨도 그것이 죄가 되지 않는다는 것을 율법책에서 읽어보지 못하였느냐? 잘 들어라. 성전보다 더 큰 이가 여기에 있다. '내가 바라는 것은 나에게 동물을 잡아 바치는 제사가 아니라 이웃에게 베푸는 자선이다.' 하신 말씀이 무슨 뜻인지 알았더라면 너희는 무죄한 사람들을 죄인으로 단정하지는 않았을 것이다. 사람의 아들이 바로 안식일의 주인이다." (마태오 12:1-8)

안식일을 경건하게 지키는 율법은 이스라엘 민족에게는 거의 절대적 권위를 갖고 있었습니다. 그것은 지금도 유대인들이 안식일을 철저히 지키는 모습 가운데서도 찾아볼 수 있습니다.

그러나 예수는 그러한 철저한 율법이나 민족적 정서도 형식이 틀렸을 때는 과감히 탈피해야 한다고 가르치고 있습니다. 안식일의 진정한 주인은 율법이나 형식 자체가 아니라 그 형식의 주인인 '사람의 아들' 즉, '사람 자신'임을 분명히 하고 있습니다. 사람 중심의 실사구시(實事求是) 정신, 이것이 바로 예수의 마음인 것입니다.

히틀러 치하에서 본회퍼 목사는 목사의 신분으로 '살인하지 말라'는 하나님의 계명을 어기면서 히틀러 암살 계획을 세웁니다. 그는 단호하게 말합니다. 많은 승객을 태운 채 달리는 버스의 운전사가 미쳐서 승객들이 위험한 지경에 처하게 되었다면, 그 운전사를 죽여서라도 승객들을 구해야 한다고 말입니다. 많은 승객의 목숨이 살인하지 말라는 계명보다도 중요하고, 그 계명의 형식적 틀에 얽매어 운전사를 그냥 두는 것은, 결국 많은 승객을 죽게 만들어 오히려 살인을 방조하는 행위가 된다고 말입니다.

죽어가는 아이들과 교육법

언제부터인가 우리 아이들이 죽어가고 있습니다. 잘못된 법과 제도, 어른들의 욕심에서 비롯된 억압에 몰려, 교육이라는 허울 좋은 이름 아래서 죽음으로 내몰려 1년

에 100여 명이 넘는 아이들이 스스로 목숨을 끊기에까지 이르렀습니다.[5]

'입시 지옥'이라는 끔찍한 말이 아주 당연하고도 자연스럽게 사용되고 있습니다. 이 아이들을 구할 수 있는 사람은 교사밖에 없습니다. 그리고 이 아이들을 구할 첫 번째 책임이 또한 교사에게 있습니다. 그것을 깨달은 교사들은 일어날 수밖에 없었습니다. 교사들이 힘을 모아 아이들을 살려내고 더욱 건강하게 자라게 하려고 떨쳐 일어난 것입니다.

그런데 우리 교육의 율법주의자들이나 바리사이파들은 그것이 실정법에 어긋난다고 악을 쓰고 있습니다. 법을 지키는 일은 중요합니다. 그러나 교육의 참주인인 아이들을 살려내는 일은 더욱 중요합니다.

그들은 심지어 '악법도 법이다'라고 우겨댑니다. 그것

---

5 2024년 5월 여성가족부와 한국청소년정책연구원이 발표한 '2024 청소년 통계'에 따르면, 청소년 사망 원인 중 자살이 12년 연속 1위를 차지하고 있다. 2024년 보건복지부 자료에 따르면 아동·청소년이 자살 시도 또는 자해로 응급실에 내원한 사례가 2019년 4,620건에서 2020년 4,473건, 2021년 5,486건, 2022년 5,894건, 2023년 6,395건으로 해마다 늘고 있다.

도 법이니까 지킬 가치가 있다고 주장하는 악법이 법으로 존중됨으로써 인류 역사에서 과연 어떤 일이 일어났습니까? 철인 소크라테스에게 약사발을 안기는 일에서부터 많은 무고한 사람을 억압하고 죽였으며, 결국 역사의 발전을 지연시키고 인간의 아름다운 삶을 억압하는 역할밖에 한 일이 없습니다. 이러한 악법은 지킬 의무보다는 오히려 깨뜨려서 새롭게 고칠 권리가 우리에게 있는 것입니다.

올바른 교육을 위해서는 교사의 권리가 최대한 보장되어야 하고, 교사의 권리를 보장시키는 민주주의 사회에서의 유일하고도 가장 좋은 방법은 노동 삼권6을 부여하는 것입니다. 그것이 세계 역사 속에서 이미 충분히 검증된 일이라면, 우리는 마땅히 실천을 통해 노동 삼권을 행사함으로 그것을 막는 악법을 고쳐나가야 할 것입니다.

예수는 율법에 구애받음 없이 사랑을 실천함으로써

---

6 노동 삼권(勞動三權) 헌법에 명시된 노동자의 세 가지 기본 권리로 단결권·단체 교섭권·단체 행동권을 말함.

율법을 완성해 나가고 있음을 우리는 성경을 통해 쉽게 발견할 수 있습니다. 예수는 이스라엘 민족이 무엇보다도 귀하게 여기는 기존의 율법을 과감하게 폐기합니다. 그리고 새로운 계명으로 완성해 나가고 있습니다.

나는 너희에게 새 계명을 주겠다. 서로 사랑하여라. 내가 너희를 사랑한 것처럼 너희도 서로 사랑하여라. (요한 13:34)

이렇게 예수는 형식적인 계명보다는 실제의 사랑을 강조합니다. 그러면서 예수는 그것이 기존 율법을 파괴하는 일이 아님을 분명히 하고 있습니다.

내가 율법이나 예언서의 말씀을 없애러 온 줄로 생각하지 마라. 없애러 온 것이 아니라 오히려 완성하러 왔다. (마태오 5:17)

법의 형식적 자구에 매이지 않고 그 정신에 따라 행동하고 실현하는 것이 법을 완성해 나가는 과정임을 분명히 하고 있습니다. 현행 우리나라 교육법의 법 정신이 교육 주체의 권리를 적극적으로 보장함으로, 교육을 원활하게 하여 아이들이 옳게 성장하게 함으로써 자신의 삶을 풍성하게 하고 사회와 국가 발전에 이바지하게 하는 것이라면, 죽어가는 아이들을 위해 교사가 단결하고 문제를 제기하며 참교육을 통해 구체적 노력을 기울여 나가는 것은, 교육법을 어기는 것이 아니라 교육법을 완성해 나가는 과정임을 우리는 예수의 교육학을 통해 분명히 알 수 있습니다.

역사의 길

우리는 성경 곳곳에서 형식(율법)의 틀에 얽매인 기득권층의 위선적 행위에 대해서 심할 정도로 질책하는 예수의 노한 음성을 들을 수 있습니다. 화를 내는 일이 거의 없는 예수이지만 이러한 위선자들에게는 조금도 주저함 없이 채찍을 휘두르고 있습니다.

마태오복음 12장 34절에는 "이 독사의 족속들아! 그렇게 악하면서 어떻게 선한 말을 할 수 있겠느냐?"라고 노골적이고 극단적인 표현으로 욕하는가 하면, 마태오복음 23장은 거의 전체가 율법학자들과 바리사이파로 대표되는 기득권층의 위선적 행위에 대한 질책으로 가득 차 있습니다. '화를 입을 것이다'라는 심한 저주도 서슴지 않은 모습 속에서 '위선'의 죄가 얼마나 무서운가를 말해 주고 있습니다.

그 당시 위선자들에 대한 예수의 표현을 보면, 지금의 학교 현장이나 교육 행정 기관에서 교사 위에 군림하면서 온갖 못된 행위를 저지르는 교육 관료의 모습을 보는 것 같습니다.

> 그들은 무거운 짐을 꾸려 남의 어깨에 메워주고 자기들은 손가락 하나 까딱하려 하지 않는다. 그들이 하는 일은 모두 남에게 보이기 위한 것이다. 그래서 이마나 팔에 성구 넣는 갑을 크게 만들어 매달고 다니며 옷단에는 기다란 술을 달고 다닌다. 그리고 잔치에 가면 맨 윗자리에 앉으려 하고 회당에서는 제일 높은 자리를 찾으며 길에 나서면 인사받기를 좋아하고 사람들이 스승이라 불러주기를 바란다. (마태오 23:4-7)

이런 위선자들에게 예수는 '화를 입을 것'이라고 저주

의 질책을 퍼붓고 있습니다. 예수는 평소에 어떤 잘못을 범한 자라도 다 용서하라고 했고 또 실제 그렇게 했습니다. 간음하다가 현장에서 잡혀 온 여인도 용서해 주었고, 심지어 일흔 번씩 일곱 번이라도 용서하라고 가르치셨습니다. 그러나 먹물 기득권층 위선자나 부자는 용납하지 않았습니다.

우리가 학생들의 어떤 잘못도 다 이해하고 또 용서하며 받아들이지만, 교육 관료들의 잘못이나 위선을 용납하지 못하고 철저히 공격하는 것은 바로 예수의 교육자적 자세이며 또한 그 논리임을 알 수 있습니다. 전교조 결성과 활동을 통한 참교육 운동은 이런 의미에서도 그 정당성이 충분합니다. 마태오는 계속해서 기록하고 있습니다.

예수께서 다른 데로 가셔서 그곳 회당에 들어가셨다. 거기에 마침 한쪽 손이 오그라든 사람이 있었는데, 사람들은 예수를 고발할 구실을 찾으려고 "안식일에 병을 고쳐 주어도 법에 어긋나지 않습니까?" 하고 넌지시 물었다. 예수께서는 이렇게 대답하셨다. "너희 가운데 어떤 사람에게 양 한 마리가 있었는데 그 양이 안식일에 구덩이에 빠졌다고 하자. 그럴 때에 그 양을 끌어내지 않을 사람이 있겠느냐? 사람이 양보다 얼마나 더 귀하냐? 그러므로 안식일에라도 착한 일을 하는 것은 법에 어긋나지 않는다." 그리고 나서 그 불구자에게 "손을 펴라" 하고 말씀하셨다. 그가 손을 펴자 다른 손과 같이 성해졌다. 그러나 바리사이파 사람들은 물러가서 어떻게 예수를 없애버릴까 하고 모의하였다. (마태오 12:9-14)

형식보다 중요한 것은 내용입니다. '교육법'보다 더 중요한 것은 '교육'입니다. 교육을 되살려내고 교육을 살찌워 나가기 위한 참교육 운동은 안식일에 구덩이에 빠진 양을 끌어내듯, 구덩이에 빠진 우리 아이들과 교육을 구해 내기 위해 실정법의 형식에 구애받음 없이 실천되어야 합니다.

비록 바리사이파 사람들이 '어떻게 예수를 없애 버릴까' 모의하는 것처럼 교육 관료, 교장 회의, 재단 연합, 교총 등 온갖 현대의 바리사이파가 참교사들을 탄압하기 위해 모의하더라도 말입니다. 예수가 십자가에서의 죽음을 통해 교사로서의 사명과 사랑을 완성 시키듯, 우리가 당하는 고통이 이 땅 위에 참교육을 완성해 아이들의 장래를 밝게 빛낼 수만 있다면, 그것 또한 역사의 길이요 하나님의 축복이 아니겠습니까?

사랑의 교수법

10장

예수라면 어떻게 했을까?

저는 지금까지 보잘것없는 삶을 살아오면서 힘들고 어려운 일을 당할 때마다 다른 훌륭한 삶을 살다 가신 분들을 생각해 보곤 했습니다.

특히 교사로서 저는 저의 이상적 교사상이라 할 수 있는 예수를 늘 마음에 두곤 했지요. 어떤 일을 당할 때마다 '만약 예수라면 어떻게 했을까?'라는 질문을 수없이 자신에게 하면서 그것을 깨닫고 닮으려고 노력하곤 했습니다.

고3을 맡아 여름의 그 찌는 듯한 교실에서 축 처진 아이들을 데리고 효과도 없는 보충 수업을 하면서, '예수라면 과연 이 수업을 어떻게 했을까?' 물어보기도 했고, 또 사고뭉치 아이를 불러놓고 '예수라면 이 아이를 어떻게 대할까?' 생각해 보기도 했지요. 그럴 때마다 예수는 나에게 넉넉한 웃음을 가득 담은 얼굴로 조용히 말해 주곤 했습니다.

먼저 예수는 무엇이든지 쉽게 가르쳤습니다. 쉽게 설명하기가 얼마나 어려운 것인가는 교단에 서 보신 분이면 누구나 잘 알지요. 그것은 우선 가르치는 사람이 자기가 가르치는 내용을 가장 확실하고 정확하게 이해하고, 또 배우는 사람의 수준이나 상태를 정확히 알아야 하니까요.

비유와 문답

예수는 기초 지식이 거의 없는 일반 대중에게는 철저히 '비유'라는 방법으로 설명했습니다. 비유의 내용은 주로 그 사람들이 흔히 주변에서 볼 수 있는 것들 또는 그들의 일상생활과 직접 관련이 있는 아주 평범한 것들이었지요.

씨 뿌리는 사람, 가라지, 겨자씨, 잃은 양 한 마리, 종, 포도원 일꾼과 품삯, 두 아들, 열 처녀, 달란트, 등불, 어리석은 부자, 소금, 은전, 탕자 등 성경에는 대중을 이해시키기 위해 사용된 쉬운 비유가 무려 50여 가지나 기록되어 있습니다. 이런 비유를 통해 예수는 대중들이 쉽게 이해하도록 가르쳤습니다.

또한 예수는 율법사 같은 지식인들을 가르칠 때는 주로 문답법을 사용했습니다. 질의응답 형식은 상대에게 자기가 이미 가진 지식을 가지고 스스로 일깨워 가는 방법이었습니다. 요한복음 3장에 나오는 바리사이파의 지식인 니고데모와의 '중생'에 대한 대화는 그 대표적인 경우라 할 수 있습니다.

또 예수는 모든 것을 구체적으로 가르쳤습니다. 막연하고 애매한 추상적 가르침만큼 학생들을 어지럽히는 무책임한 일은 없겠지요. 학생들의 요구를 정확히 알고 필요한 것을 구체적으로 가르치고 해결해 주는 것이야말로 꼭 필요한 일입니다.

예수는 그랬습니다. 배고픈 사람에겐 음식을 주고 병

든 사람은 그 병을 고쳐 주었습니다. 슬픈 사람은 위로했고, 죄 때문에 고통당하는 사람의 죄를 씻어 주었습니다. 이렇게 교육도 구체적이어야 함을 우리에게 가르쳐 주는 것입니다.

또한 예수는 모든 일에 늘 적극적으로 임하는 자세를 가지고 실천했습니다. 예수는 가르치기 위해 어느 한 장소에 머무르거나 학생이 찾아오기를 기다리지 않았습니다. 마을마다 찾아다니며 회당에서 가르치고 산과 들에서도 가르쳤습니다. 모두가 꺼리는 사마리아도 방문했고, 모두가 천하게 여기며 상종하지 않던 사마리아인이나 세리, 죄인 등도 기꺼이 만났습니다. 또 필요하면 직접 그들의 집을 방문하기도 했고 식사를 함께하며 그들을 가르쳤습니다.

요한복음 4장에 기록된 예수와 사마리아 여자와의 우물가에서의 만남은, 그 당시 사마리아인을 개처럼 취급하고 천하게 여기던 유대인들의 풍속으로는 엄청난 일이었습니다. 루가복음에만 기록된 세리 자캐오와의 만남도 예수의 이러한 적극적인 모습을 잘 나타내고 있습니다.

예수께서 예리코에 이르러 거리를 지나가고 계셨다. 거기에 자캐오라는 돈 많은 세관장이 있었는데 예수가 어떤 분인지 보려고 애썼으나 키가 작아서 군중에 가려 볼 수가 없었다. 그래서 예수께서 지나가시는 길을 앞질러 달려가서 길가에 있는 돌무화과나무 위에 올라갔다. 예수께서 그곳을 지나시다가 그를 쳐다보시며 "자캐오야, 어서 내려오너라. 오늘은 내가 네 집에 머물러야 하겠다" 하고 말씀하셨다. 자캐오는 이 말씀을 듣고 얼른 나무에서 내려와 기쁜 마음으로 예수를 자기 집에 모셨다. 이것을 보고 사람들은 모두 "저 사람이 죄인의 집에 들어가 묵는구나!" 하며 못마땅해 하였다. 그러나 자캐오는 일어서서 "주님, 저는 제 재산의 반을 가난한 사람들에게 나누어주렵니다. 그리고 제가 남을 속여먹은 것이 있다면 그 네 갑절은 갚아주겠습니다" 하고 말씀드렸다. 예수께서 자캐오를 보시며 "오늘 이 집은 구원을 얻었다. 이 사람도 아브라함의 자손이다. 사람의 아들은 잃은 사람들을 찾아 구원하러 온 것이다" 하고 말씀하셨다. (루가 19:1-10)

예수의 적극적인 자세가 어떻게 자캐오에게 감동을 주

고 또 그를 변화시키는지 잘 보여주는 이야기라 하겠습니다.

겸손과 사랑

예수가 남을 대하고 가르치는 자세 중에서 가장 위대한 것은 역시 겸손입니다. 예수는 성경 곳곳에서 자기를 낮추라고 가르치며 스스로 그것을 실천합니다. 학생 위에 군림하며 학생을 무시하고 잘난 체하는 태도를 보인다거나 권위주의로 학생을 내리누르는 것을 철저히 배격하는 것이지요.

예수는 많은 병자를 고쳐 주고도 그 낫게 된 사실을 떠들고 다니지 말도록 조심시켰으며, 심지어는 제자들의 발을 손수 씻겨 주는 모범으로 남을 낮게 여기고 자기를 낮추는 겸손의 교육 방법을 가르쳐 주기도 했습니다.

사막 지역인 팔레스타인 지방에서 남의 발을 씻겨 주는 일은, 그 당시 이스라엘 풍속으로는 종 가운데서도 가장 천한 종이 하는 일이었습니다. 이것만 보더라도, 예수가 제자들의 발을 직접 씻긴 일은 실로 충격적인 일이 아닐 수 없습니다.

남을 귀하게 여기고 섬기는 것이야말로 교사의 가장 기본적인 자세임을 뜨겁게 온몸으로 보여주신 것이지요. 이것은 물론 교육 방법론적 차원만은 아닙니다. 교육의 효과를 위해서는 그렇게까지라도 해야 한다는 차원이 아니라, 그 제자에게까지 보인 겸손한 행위 자체가 궁극 적으로는 제자에 대한 지극한 사랑의 다른 표현입니다. 결국 '사랑이 없으면 교육할 수 없음'을 말하고 있는 것 이지요. 이러한 '사랑의 교육학'은 예수의 교육학을 관통 하는 본질입니다. 그것은 모든 기존의 율법을 파기하고 새롭게 완성할 수 있는 새로운 계명이 '사랑'이라고 선포 하는 데서도 분명하게 확인할 수 있습니다.

나아가서 '내가 너희를 사랑하는 것처럼 너희들도 서 로 사랑하라'고 하여 사랑의 모범을 실천으로 보여주었 고, '네 이웃을 네 몸처럼 사랑하라'든가, '벗을 위하여 목 숨을 버리는 것보다 더 큰 사랑은 없다'라고 하여, 이기 적이거나 에로스적인 사랑이 아닌 더불어 행복을 누리며 사는, 해방된 공동체적 삶을 위한 사랑임을 강조하고 있습니다.

이러한 근본적인 사랑은 결국 자신을 십자가에 매닮으로써 완성하는, 고난과 고통의 길을 의연히 가게 하는 근원적 힘이 되고 있음을 우리는 알고 있습니다.

절대적인 사랑이라고 하여 무조건 용납하거나 끌어안는 것만은 아니었습니다. 위선적인 기득권층인 바리사이파나 율법학자들에게는 '독사의 자식'이나 '회칠한 무덤'이라고 신랄하게 비판하는가 하면, 성전을 더럽히는 환전상이나 제물을 파는 장사꾼들을 채찍으로 쳐서 내쫓으며 화를 내는 모습을 통해서, 진정한 사랑의 또 다른 모습을 우리는 볼 수 있습니다.

옳은 것은 옳다 하고 그른 것은 그르다 할 줄 알고, 불의를 보면 화를 내고 그것을 척결하기 위해 과감히 행동하고, 그러면서도 약하고 억눌린 사람에 대해 애정을 가지며, 잘못을 뉘우치는 사람을 끝없이 용서하는 그런 참사랑의 모습을 예수는 온몸으로 보여주었고, 그것이 참교사의 모습임을 가르쳐 주는 것입니다.

다시 어린이로

저는 요즘 감옥의 차가운 마룻장 위에서 지난날 저의 모습들을 혼자 되돌아보곤 합니다.

1989년 아이들과 헤어지기까지 제가 서 있었던 그 교단, 그 교사의 자리를 말입니다. 지금 생각해 보면 모든 것이 미숙했고 또 실수투성이였던 기간이었습니다. 저는 학급 경영을 하거나 학과 수업을 하면서 전체 학생을 위한다는 명분 아래 한 사람 한 사람을 무시했으며, 또 가끔은 몇 사람 때문에 전체를 돌보지 못한 때도 많았습니다.

저의 연구 부족과 수업 준비 미흡을 말솜씨나 권위주의로 얼버무림으로써 적당히 넘겼고, 혼자 해결하기 힘든 어려운 문제로 고통받고 있는 학생을 먼저 찾아보기는커녕, 모처럼 용기를 내어 찾아온 아이마저 저의 바쁜 일을 핑계로 제대로 돌보지 못한 때도 많았습니다.

아이들을 이해하고 거기에 맞추려는 수업보다는 나를 중심으로 내가 하기 편한 대로 수업을 진행하고는 이해하지 못하는 아이들만 나무랐습니다. 전체를 사랑한다

하면서 한 사람 한 사람을 사랑하지 못했고 겸손해지고 자 하면서도 늘 아이들 위에 군림하고 있었습니다.

참교사 예수는 이 시간도 말합니다.

나는 분명히 말한다. 너희가 생각을 바꾸어 어린이와 같이 되지 않으면 결코 하늘나라에 들어가지 못할 것이다. 그리고 하늘나라에서 가장 위대한 사람은 자신을 낮추어 이 어린이 와 같이 되는 사람이다. (마태오 18:3-4)

그렇습니다. 제가 다시 교단에 선다면 정말 어린이와 같은 마음으로 새롭게 시작할 것입니다. 어린이와 같이 순수하고 겸손한 마음으로 또한 참사랑이 가득한 예수 의 마음으로 학생들 앞에 부끄럽게 다시 설 것입니다. 그 때를 위해 이곳에서의 시간을 더욱 아껴 써야겠습니다. 보십시오. 밤이 다하고 햇새벽이 철창 밖에서 서성이고 있습니다.

11장   # 죽음을 넘어 희망으로

마지막 수업

이 시대의 교사는 누구여야 합니까?

이 역사, 이 민족의 교사는 또한 누구여야 합니까?

한 시대, 한 민족의 교사로 33년이란 길지 않은 생애를 뜨겁게 살다 간 교사 예수의 마지막 생애의 발자취를 따라가 봄으로써 그 해답의 실마리를 얻어 볼까 합니다.

예수는 3년 동안 이스라엘의 곳곳을 다니며 전도(교육)했습니다. 다수의 무리에게 설교했고, 또 많은 병자를 고쳐 주었으며 또 많은 이들의 개인적 고민도 해결해 주었습니다. 그래서 많은 이스라엘 민중이 예수를 알게 되고 그 가르침에 따르게 되었습니다.

그러나 이스라엘 민족을 억압하는 외세인 로마 제국은 너무나 강했습니다. 이 외세를 물리치지 않고는 민중을 해방할 수 없다는 현실적 한계에 부딪히게 됩니다. 진정한 민중의 해방 공동체를 위해서는 민족을 억압하며 모든 현실적 문제의 근원이 되는 외세와 정면으로 부딪치지 않으면 안 되었습니다. 그 시대의 교사로서 예수가 선택할 수 있는 유일한 길이었습니다. 그것을 외면하고서 민중을 진정으로 사랑한다고 하는 것은 모순이고 거짓일 수밖에 없었으니까요.

예수는 생각합니다.

'어떻게 외세와 싸울 것인가? 그들과 싸워 이길 만한 조건은 갖추어져 있는가?'

객관적인 현실은 불가능이었습니다. 이스라엘 민족의 단결 정도나 투쟁 의지, 모든 것이 미흡했습니다. 또 그런 의지가 충분하다 하더라도 당시 세계를 지배하고 있던 로마 제국의 폭력적인 무력을 당해낼 만한 물리력을 갖출 수는 없었습니다. 인정하지 않으면 안 될 안타깝지만 냉정한 현실이었습니다.

예수는 이 모든 현실을 인정하고 받아들였습니다. 그러한 현실을 바탕으로 예수는 출발해야 했습니다. 무모하게 대중을 선동하여 폭동을 일으키는 방법은 지양해야 한다고 판단했습니다. 그것은 이스라엘 민중을 더욱 큰 어려움으로 몰아넣는 일이요, 나아가서 민족 해방의 날을 늦추는 것이라는 사실을 깨달았기 때문입니다.

그렇다면 어떻게 해야 할 것인가? 어떻게 하는 것이 이스라엘 민중에게 민족 해방에 대한 신심을 더욱 굳게 하고, 그날을 하루라도 앞당겨 스스로 힘으로 그것을 이루게 할 수 있을 것인가? 그것이 예수의 고민이었습니다.

예수는 그 문제를 해결하는 방법을 찾기 위해 고민하고 또 열심히 기도했습니다. 그래서 예수는 결국 이스라엘 민중의 마음에 영원히 살아남기 위해 죽음의 길을 택하고, 패배 의식에 싸여 있는 그들에게 다시 살아나는 감격을 맛보게 함으로써 승리에 대해 확신하게 하려고 부활의 신앙을 정립하게 됩니다.

죽음(외세)의 권세를 이기고 부활하는 것은 바로 민족

해방 공동체의 완성과 다름없었기 때문입니다. 그것을
온몸으로 실천해 보이는 것, 그렇게 함으로 모든 이스라
엘 민중이 보고 배우게 하는 것이 또한 예수가 준비한 그
의 목숨을 던지는 '마지막 수업'이었습니다. 그것은 또한
그가 그때까지 온 이스라엘 지방들을 돌아다니며 말로
가르친 모든 내용의 실천이기도 했습니다.

입성

민족 해방을 위해서는 모두가 자기 십자가를 져야 한
다고 주장했던 그는 그 가르침대로 당신의 십자가를 지
기 위해 예루살렘에 입성합니다.

마태오복음 21장에서 28장 마지막까지는 바로 이러
한 민족과 시대의 교사 예수의 온몸으로 보여주는 '마지
막 수업'의 기록입니다. 이제 마태오의 기록에 따라 그의
마지막 수업에 참여해 보도록 합시다.

예수는 이스라엘 민족이 이집트로부터 해방한 날을 기
념하는 이스라엘 민족 최대 명절인 과월절에 맞추어 조
그만 나귀를 타고 수도 예루살렘으로 들어갑니다. 예수

가 마지막 수업의 시간을 그때로 정한 것은 이스라엘 민중이 가장 귀하게 여기는 민족 해방 기념 축제 기간이라는 상징적 의미도 있지만, 그때는 이스라엘 민중이 그날을 기념하기 위해 성지 순례 차 예루살렘에 모이는 때였기 때문이기도 합니다.

학생들이 가장 많이 모일 때를 마지막 수업 시간으로 정한 것은 예수의 수업 효과 극대화를 위한 치밀한 계획이었습니다. 나귀를 타고 들어오는 예수를 이스라엘 민중들은 대대적으로 환영합니다.

호산나! 다윗의 자손! 주의 이름으로 오시는 이여,

찬미 받으소서. 지극히 높은 하늘에서도 호산나!

(마태오 21:9)

군중은 만세를 부르며 환영합니다. 이때만 하더라도 이스라엘 민중들은 그동안 전국으로 돌아다니며 민족 해방을 외치던 예수가, 이제 예루살렘으로 입성하여 확실한 민족의 지도자로서 로마 제국과 한판 멋지게 붙어 해방을 쟁취할 희망에 부풀어 있었던 것입니다. 그러한 민중의 소박한 해방에 대한 열망을 보며 예수는 얼마나 마음이 아팠겠습니까? 그 요구에 즉각적으로 부응하지 못하는 현실이 원망스럽기도 했겠지요.

성전에서

예수는 아픈 마음을 달래며 먼저 예루살렘 성전으로 갔습니다. 예루살렘 성전은 이스라엘의 위대한 조상 중 한 분인 솔로몬왕이 지은 크고도 아름다운 건물로, 이스라엘 민족의 번성과 승리의 상징이요, 또한 피압박 민족의 정신적 안식처이기도 했습니다. 또 이스라엘 사람이면 누구나 1년에 한 번 의무적으로 드리게 되어 있는 속죄제를 드릴 수 있는 성소이기도 했습니다.

예수가 성전에 이르렀을 때도 많은 사람이 성전을 메우고 있었고, 그들을 상대로 하는 장사꾼들도 뒤엉켜 시장 바닥을 방불케 하고 있었습니다. 부패하고 혼란스러운 당시 이스라엘 민족의 모습을 상징적으로 보여주는 장면이었습니다.

이 꼴을 본 예수는 채찍을 듭니다. 온유와 겸손과 사랑을 가르치던 손에 가죽 채찍이 들려졌습니다.

예수께서는 성전 뜰 안으로 들어가 거기에서 팔고 사고 하는 사람들을 다 쫓아내시고 환금상들의 탁자와 비둘기 장수들의 의자를 둘러엎으셨다. 그리고 그들에게 "성서에 '내 집은 기도하는 집이라고 불리리라' 했는데 너희는 이 집을 '강도의 소굴'로 만들었다" 하고 나무라셨다. (마태오 21:12-13)

이 장면은 예수의 또 다른 모습을 보여주는 의미 있는 사건입니다. 참사랑이란 위선자를 욕하고 채찍질하는 것임을 분명히 보여준 것이지요. 겸손과 부드러움이란 때에 따라서는 이렇게 단호하고 과격한 모습으로도 나타나는 것입니다.

예수는 성전에서 장사꾼과 환전상들을 쫓아낸 다음 성전에 있던 소경과 절름발이 등을 고쳐 줍니다. 예수가 진정으로 사랑하고 또 귀하게 여겼던 사람들이 누구인가를 잘 보여줍니다.

이 광경을 처음부터 지켜본 대사제들과 율법학자들은 화를 냅니다. 그러면서 '어떻게 하면 예수를 잡아 죽일 수 있을까' 하고 예수를 기소할 구체적인 혐의 사실을 포착하기에 혈안이 됩니다.

그러나 예수는 그들을 두려워하지 않았습니다. 이미 예수는 십자가를 지는 마지막 수업을 준비하고 차근차근 진행하고 있었으니까요. 예수에 대한 민중들의 인기가 너무 좋아 자기들의 기득권에 위험을 느낀 대사제, 율법학자, 백성의 원로, 사두가이파, 바리사이파 등이 예수를 기소할 구체적 증거를 조작하기 위해 여러 모함을 꾸미기도 합니다. 그들의 조작은 두 가지 형태로 진행됩니다.

하나는 예수가 스스로 하나님이나 메시아라고 시인하게 함으로써 '신성 모독죄'를 뒤집어씌우는 것이었고, 또 하나는 로마의 식민지 통치에 반역하는 구체적 증거를 만듦으로써 '반정부 활동'의 정치범으로 만드는 일이었습니다.

그래서 그들은 예수가 성전에서 가르치는 일이나 병을

낮게 하는 것은 무슨 권한으로 하는가를 따지기도 했고, 카이사르(로마 황제)에게 세금을 내야 하는가 내지 말아야 하는가의 난처한 질문을 하기도 했습니다.

그때마다 예수는 명쾌하고도 단호하게 그들의 질문에 논리적으로 답하므로 그들을 꼼짝 못 하게 했습니다. 그러면서 그들의 불순한 동기와 검은 마음에 대해 가차 없는 질책을 퍼부었습니다. 마태오복음 23장은 이런 민족 반역의 기득권층들에 대한 예수의 분노와 질책이 직설적이고 강하게 표현되어 있습니다.

율법학자들과 바리사이파 사람들아, 너희 같은 위선자들은 화를 입을 것이다. 너희는 잔과 접시의 겉만은 깨끗이 닦아 놓지만, 그 속에는 착취와 탐욕이 가득 차 있다. 이 눈먼 바리사이파 사람들아, 먼저 잔 속을 깨끗이 닦아라. 그래야 겉도 깨끗해질 것이다. 율법학자들과 바리사이파 사람들아, 너희 같은 위선자들은 화를 입을 것이다. 너희는 겉은 그럴싸해 보이지만 그 속에는 죽은 사람의 뼈와 썩은 것이 가득 차 있는 회칠한 무덤 같다. 이와 같이 너희도 겉으로는 옳은 사람처럼 보이지만 속은 위선과 불법으로 가득 차 있다.
(마태오 23:25-28)

이 뱀 같은 자들아, 독사의 족속들아! 너희가 지옥의 형벌을
어떻게 피하랴? (마태오 23:33)

예수는 이러한 위선자들이 판치는 예루살렘을 향해 탄
식했습니다. 이스라엘 민중에 대한 순수한 사랑을 왜곡
하고 시기하고 거부하는 위선자들이 득시글거리는 당시
사회에 대한 예수의 탄식이었지요.

오직 제자에 대한, 교육에 대한, 민족에 대한 사랑 하
나 때문에 온갖 고통을 다 당하고 있는 우리 전교조 교
사들의 절규라고도 할 수 있겠습니다.

예루살렘아! 예루살렘아!
너는 예언자들을 죽이고
너에게 보낸 이들을 돌로 치는구나.
암탉이 병아리를 날개 아래 모으듯이

내가 몇 번이나 네 자녀를 모으려 했던가.

그러나 너는 응하지 않았다.

너희 성전은 하느님께 버림을 받아 황폐해지리라.

'주의 이름으로 오시는 이여, 찬미 받으소서.'

하고 너희 입으로 찬양할 때까지

너희는 정녕 나를 다시 보지 못하리라. (마태오 23:37-39)

예수는 모든 옛 질서가 무너지고 새 질서가 세워지리라는 것을 말했습니다. 그리고 그 시기와 준비에 대해 여러 가지 비유(무화과나무의 비유; 마태오 24:32-35, 충성스러운 종과 불충한 종; 마태오 24:45-51, 열 처녀의 비유; 마태오 25:1-13, 달란트의 비유; 마태오 25:14-30)를 통해 설명했습니다. 그러나 대사제 등은 가야파라는 대사제 관저에 모여 예수를 잡아 죽이려는 흉계를 꾸립니다. 이 모든 것을 이미 예수는 예측하였지요.

나병환자 시몬의 집

이런 때에 예수는 베다니아에 있는 나병환자 시몬의

집에 머물고 계셨는데 아주 특이한 일이 벌어집니다. 어떤 여자가 매우 값진 향유가 든 옥합을 가지고 와서 예수의 머리에 부은 사건이었습니다. 이것을 보고 제자들이 분개합니다.

이렇게 낭비를 하다니! 이것을 팔면 많은 돈을 받아 가난한 사람들에게 줄 수 있을 텐데. (마태오 26:8-9)

제자들의 마음을 꿰뚫어 본 예수의 설명에 다른 제자들은 수긍하지만 가룟 사람 유다만은 예수를 신뢰하지 못하고 배반의 생각을 품게 됩니다.

물론 유다가 단지 예수의 이 한 가지 행동 때문에 그런 마음을 갑자기 가지게 되지는 않았을 것입니다. 유다가 생각했던 민족 해방 투쟁 노선과 예수의 그것이 아주 다르다는 것을 비로소 알게 되었고, 어떻게 하든지 예수의 마음을 자기의 생각으로 돌리기 위해 예수를 곤경에 빠뜨려야겠다고 생각하게 되었던 것 같습니다.

성경의 다른 모든 기록을 종합해 보면 유다는 무장 폭

동을 통한 적극적인 투쟁 노선을 가졌던 것으로 보이고, 예수의 예루살렘 입성 이후 그것이 구체적으로 실현되기를 바랐으나, 예수의 행동에 전혀 그런 기미가 보이지 않고 오히려 자기 보기에는 패배적인 모습(죽음에 대한 강조)으로 보였기에 저지른 행동으로 보이는 것입니다.

어쨌든 유다는 예수의 마지막 수업에서 악역을 담당한 것만은 분명한 사실입니다.

마지막 저녁밥

이 일이 있고 난 뒤에 예수는 제자들과 마지막 저녁밥(최후의 만찬)을 함께 먹었습니다. 예수의 교육학에서 밥상 공동체가 갖는 의미는 여러 연구가에 의해 매우 중요한 것으로 규명되고 있습니다. 죽기 전 제자들과의 마지막 자리를 밥상을 앞에 놓고 가진다는 것은 매우 뜻깊은 일입니다. 예수는 이 자리에서 유다의 배반을 얘기하고, 죽음이라는 마지막 선택의 의미를 제자들에게 밝힙니다.

이제 곧 이스라엘 민중들과 함께 일어나 외세를 몰아내고 독립을 이루어 내어 해방 공동체를 마련하고, 그때 자기들의 스승 예수는 왕이 될 줄 알고 있었던 제자들은 몹시 당황합니다. 그러나 예수는 그들에게 빵을 직접 떼어 주고 포도주를 손수 따라 주면서 자기의 계획을 설명했습니다. 예수의 참마음을 잘 이해하지 못한 제자들에게는 몹시도 침울하고 참담한 자리였을 것입니다. 3년 동안 온갖 고생을 참으며 따라다닌 보람이 한꺼번에 무너지는 고통과 혼란에 휩싸였겠지요. 유다는 도저히 참지 못하고 뛰어나갔습니다.

예수는 이미 음식을 먹기 전에 제자들의 발을 손수 씻어 줌으로써 그동안의 가르침을 실천해 보였고, 식사가 끝난 뒤에도 당황하며 슬픔에 잠긴 제자들에게 조용히 당부했습니다.

나는 너희에게 새 계명을 주겠다. 서로 사랑하여라. 내가 너희를 사랑한 것처럼 너희도 서로 사랑하여라. 너희가 서로 사랑하면 세상 사람들이 그것을 보고 너희가 내 제자라는 것을 알게 될 것이다. (요한 13:34-35)

마지막 저녁 식사를 제자들과 함께한 예수는 답답한 마음을 달래기 위해, 또 앞으로의 계획을 점검하고 각오를 더욱 다지기 위해 기도하러 올리브 산으로 올라갔습니다.

그때 예수는 흔들리는 제자들의 마음을 들여다보기라도 한 듯 또는 그런 마음을 위로라도 하듯 '오늘 밤 너희들이 다 나를 버릴 것'이라고 말합니다. 그 말을 들은 베드로는 말합니다.

"비록 모든 사람이 주님을 버릴지라도 저는 결코 주님을 버리지 않겠습니다." (마태오 26:33)

그러나 예수는 베드로에게 이렇게 대답합니다.

"내 말을 잘 들어라. 오늘 밤 닭이 울기 전에 너는 세 번이나 나를 모른다고 할 것이다." (마태오 26:34)

베드로의 우직하면서도 충동적인 성격이 잘 나타나는 부분이기도 합니다만, 수제자인 베드로도 예수의 마지막 수업에서 또 다른 악역을 맡는 순간이기도 하지요.

게쎄마니 기도

예수는 제자들과 함께 게쎄마니라는 곳에서 기도합니다. 제자들에게는 좀 떨어진 곳에서 기도하게 하고, 예수는 인간의 몸으로써 당해야 하는 참아 내기 힘든 고통의 순간을 앞에 놓고 고뇌의 기도를 했습니다.

이 처절한 장면을 마태오는 이렇게 기록하고 있습니다. 시대와 민족이 주는 자기 십자가 앞에 선 참교사 예수의 모습과 아직 제대로 진실을 깨닫지 못하는 제자들의 모습이 대조적으로 잘 표현되어 있습니다.

예수께서 제자들과 함께 게쎄마니라는 곳에 가셨다. 거기에서 제자들에게 "내가 저기 가서 기도하는 동안 너희는 여기 앉아 있어라" 하시고 베드로와 제베대오의 두 아들만을 따로 데리고 가셨다. 예수께서 근심과 번민에 싸여 그들에게 "지금 내 마음이 괴로워 죽을 지경이니 너희는 여기 남아서 나와 같이 깨어 있어라" 하시고는 조금 더 나아가 땅에 엎드려 기도하셨다. "아버지, 아버지께서는 하시고자만 하시면 무엇이든 다 하실 수 있으시니 이 잔을 저에게서 거두어주소서.

그러나 제 뜻대로 마시고 아버지의 뜻대로 하소서" 기도를
마치시고 세 제자에게 돌아와 보시니 제자들은 자고 있었다.
그래서 베드로에게 "너희는 나와 함께 단 한 시간도 깨어 있
을 수 없단 말이냐? 유혹에 빠지지 않도록 깨어 기도하여라.
마음은 간절하나 몸이 말을 듣지 않는구나!" 하시며 한탄하
셨다. 예수께서 다시 가셔서 "아버지, 이것이 제가 마시지 않
고는 치워질 수 없는 잔이라면 아버지의 뜻대로 하소서" 하
고 기도하셨다. 그리고 제자들에게 돌아오시니 그들은 여전
히 자고 있었다. 그들은 너무나 지쳐서 눈을 뜨고 있을 수가
없었던 것이다. 하는 수 없이 제자들을 그대로 두시고 세 번
째 가셔서 같은 말씀으로 기도하셨다. 그리고 제자들에게 돌
아와 이렇게 말씀하셨다. "아직도 자고 있느냐? 자, 때가 왔
다. 사람의 아들이 죄인들 손에 넘어가게 되었다. 일어나 가
자. 나를 넘겨줄 자가 가까이 와 있다." (마태오 26:36-46)

예수는 곧 유다의 입맞춤의 고발과 그를 앞세워 따라
온 대사제와 백성의 원로들이 보낸 무리에게 잡힙니다.
베드로는 스승을 체포하려는 대사제의 종의 귀를 칼로

자르지만, 예수는 오히려 그것을 다시 붙여 주며 나무랍니다.

> 칼을 도로 칼집에 꽂아라. 칼을 쓰는 사람은 칼로 망하는 법이다. (마태오 26:52)

설마설마하며 반신반의했던 제자들에게는 스승 예수의 생각이 확인되는 순간이었습니다. 행동을 통한 비폭력 노선의 선언이었고, 그것은 예수가 체포당하는 것을 전제로 했습니다. 제자들에게는 모든 것이 끝나는 순간이었습니다. 예수의 말이 끝나자 '그때에 제자들은 예수를 버리고 모두 달아났다'라고 마태오는 기록하고 있습니다. 제자들이 예수를 따라다니며 꿈꾸어 왔던 것이 무엇이었으며, 예수에게서 기대했던 것이 무엇이었는지가 구체적으로 밝혀지는 순간이었습니다.

예수는 체포되고 제자들은 다 도망가는 이 순간 예수의 마음이나 행동에 대한 기록은 없습니다. 그러나 예수의 마음 또한 찢어지는 듯했겠지요. 예수의 현실 인식과 그에 대처하는 십자가의 선택을 몰라 주는 제자들이 원망스럽기도 했겠지만 이미 모든 것이 예측되었기에 한편으로는 담담했을는지도 모르겠습니다. 다만 제자들에게 배신까지 당해 가면서 가야 했던 그 고난의 길을 예수는 묵묵히 가고 있었을 뿐입니다.

예수를 세 번이나 부인한 베드로

대사제 가야파의 집으로 끌려간 예수는 증거를 조작하려는 무리 앞에서 온갖 수모를 당하지만 아주 당당하게 대응합니다. 그러나 그들은 증거의 조작과 여론 재판을 통해 신을 모독했다는 죄를 뒤집어씌워 사형을 구형합니다. 그 과정에서 당한 온갖 고문과 수모는 예수를 더욱 처참하게 만들지요.

스승인 예수가 어처구니없는 재판을 받는 중에, 베드로는 결국 닭 울기 전에 세 번이나 스승을 부인하는 잘못을 저지릅니다.

예수는 당시 사형 선고를 내릴 수 있는 재판관인 총독 빌라도 앞에 끌려옵니다. 같은 민족에게 잡혀 고문을 당하고 결국 그들의 손에 의해 외세의 군홧발 아래 내던져진 예수의 마음은 또한 어떠했겠습니까?

한편 스승의 체포와 함께 마지막 반전을 기대했던 유다는 이러한 예수의 무기력한 모습을 보면서 도저히 참지 못하고 스스로 목숨을 끊고 맙니다. 자기의 이념 때문에 스승을 올바로 이해하지 못하고 벼랑으로 밀어붙인 제자로서 마지막 양심의 몸부림이었습니다.

예수를 심문한 빌라도는 예수에게서 죄를 찾지 못했습니다. 그러나 대사제 등 기소자들의 집요한 요구와 군중들의 압력에 굴복하여 결국 사형 선고를 내리게 됩니다. 검사의 공소장과 토씨 하나 틀리지 않는 요즘 정치재판 판결문을 쓰는 재판장들과 비슷하다 할 수 있겠습니다. 재판관 빌라도는 재판관으로서 최소한의 양심의 소리마저 눈감아 버리고, 자신도 인정하는 잘못된 판결을 하고는 물을 가져오게 하여 손을 씻음으로써 자기의 잘못이 아님을 강변해 보지만, 역사는 그를 영원한 불법 재판관으로 심판하고 있습니다.

골고다 언덕 위의 최후

결국 예수는 가시관을 쓰고 골고다에서 십자가에 못 박히는 처형을 당하게 됩니다. 며칠 전까지만 하더라도 "호산나, 호산나!" 하며 환영하던 이스라엘 민중은 오히려 십자가 형틀에 못 박혀 있는 예수를 향해 비웃고 조롱했습니다. 그러나 예수는 "아버지 저 사람들을 용서하여 주십시오! 그들은 자기가 하는 일을 모르고 있습니다"(루가 23:24) 하며 그들을 용서하고, 오히려 그들을 위해 기도했습니다.

피와 물이 쏟아지는 고통의 시간은 계속되었습니다. 자기 몸무게 때문에 못 박힌 손이 찢기도록 축 늘어져 있던 예수는 처절한 절규를 내뱉습니다.

"엘리 엘리 라마 사박타니 (나의 하느님, 나의 하느님 어찌하여 나를 버리셨나이까?)"

그리고는 "다 이루었다"라는 말을 남기고 조용히 눈을 감습니다. 예수는 죽었습니다. 가장 처참한 모습으로 많은 이스라엘 민중이 쳐다보는 가운데 힘없이 죽어 갔습니다.

거기 모여서 예수의 최후를 지켜본 군중 대부분은 예수의 설교를 들었던 사람일 것입니다. 또한 예수가 병을 고쳐 주고 고민을 들어주었던 사람들도 있었을 것입니다. 그들은 이리저리 힘없이 끌려다니다가 결국은 십자가에 달려 한 줌 고깃덩어리로 죽어가는 예수의 모습에서 비참하고 약한 스스로의 모습을 보았을 것입니다. 그러면서 그 예수가 그들 마음속에서 다시 살아나는 것을 느꼈을 것입니다. "내가 사흘 만에 다시 살아나리라"라던 예수의 말이 더욱 생생했을 것입니다.

한 사람 예수의 죽음은 열한 사람의 수행 제자와 많은 여제자들, 그리고 참사랑의 해방 공동체를 꿈꾸며 살아왔던 모든 민중의 마음속에 살아나기 시작했습니다. 예수의 시신은 이러한 추종자 중 한 사람에 의해 돌무덤에 안장되었습니다.

부활

사흘째 되는 날 막달라 마리아와 다른 마리아가 무덤에 가보았습니다. 안개도 자욱한 이른 아침이었습니다.

무덤 문은 열려 있었습니다. 그리고 예수는 엠마오로 가는 두 제자에게 나타나셨고, 예루살렘에 다시 모인 제자들에게 나타나서 그들의 평화를 기원해 주었습니다. 그리고 티베리아 호숫가에서 다시 고기잡이가 된 베드로 등 일곱 제자에게 나타나서서 거듭거듭 '사랑'을 확인하고 '내 어린 양'을 돌볼 것을 부탁했습니다.

예수는 그를 사랑하는 제자들의 마음속에 또 많은 민중의 마음속에 다시 살아났고, 그들에게 평화와 용기, 그리고 희망을 주어, 온 세계가 사랑의 공동체, 해방의 공동체가 되도록 복음을 전파할 것을 당부했습니다.

예수가 잡혔을 때 모두 도망쳤던 제자들이 이렇게 모두 다시 돌아온 것은, 스승 예수가 죽음을 통해 영원한 해방과 사랑의 새 생명을 얻는 그의 마지막 수업에 참여했기 때문입니다. 이러한 새 생명은 그들의 스승을 닮아 모두 참된 교사로서의 삶을 살고, 스승 못지않은 장렬한 죽음을 택함으로써 그들의 생명 또한 사랑과 해방의 역사에 영원히 살아 있게 했던 것입니다.

예수는 오늘 우리 한반도에서도 부활하고 있습니다.

그의 가르침을 따르고 그를 닮기를 원하는 많은 이들의 마음속에 살아나고 있습니다. 영원한 생명력으로 매일매일 살아나고 있습니다. 그의 정신과 가르침은 오늘 선생님과 저의 마음속에서도 살아나고 있습니다. 놀라운 부활의 논리요, 부활의 신앙이요, '사랑과 희망의 예수 교육학'입니다.

선생님, 이제 이 긴 편지를 마무리할 때가 된 것 같습니다. 지금도 저의 마음속에 살아 숨 쉬고 있는 저의 스승 예수의 삶을 통해 '예수의 교육학'을 살펴보려고 했던 처음 저의 계획과 욕심은, 저의 역량 부족으로 오히려 예수를 왜곡하고 폄하시킨 것 같아 민망스럽기만 합니다. 그러나 예수는 저의 '동기의 순수함' 그 하나만 보고도 웃으며 그 따뜻한 품에 끌어안아 줄 것입니다.

심판

마지막으로 예수께서 설교 중 비유로 말한 최후의 심판, 즉 해방 공동체가 이루어지는 그날의 장면을 묘사한 부분을 인용하면서 끝낼까 합니다.

사람의 아들이 영광을 떨치며 모든 천사들을 거느리고 와서 영광스러운 왕좌에 앉게 되면 모든 민족들을 앞에 불러놓고 마치 목자가 양과 염소를 갈라놓듯이 그들을 갈라 양은 오른편에, 염소는 왼편에 자리잡게 할 것이다. 그때 그 임금은 자기 오른편에 있는 사람들에게 이렇게 말할 것이다.

'너희는 내 아버지의 복을 받은 사람들이니 와서 세상 창조 때부터 너희를 위하여 준비한 이 나라를 차지하여라. 너희는 내가 굶주렸을 때에 먹을 것을 주었고 목말랐을 때에 마실 것을 주었으며 나그네 되었을 때에 따뜻하게 맞이하였다. 또 헐벗었을 때에 입을 것을 주었으며 병들었을 때에 돌보아 주었고 감옥에 갇혔을 때에 찾아주었다.'

이 말을 듣고 의인들은 이렇게 말할 것이다.

'주님, 저희가 언제 주님께서 주리신 것을 보고 잡수실 것을 드렸으며 목마르신 것을 보고 마실 것을 드렸습니까? 또 언제 주님께서 나그네 되신 것을 보고 따뜻이 맞아들였으며 헐벗으신 것을 보고 입을 것을 드렸으며, 언제 주님께서 병드셨거나 감옥에 갇히신 것을 보고 저희가 찾아가 뵈었습니까?'

그러면 임금은 '분명히 말한다. 너희가 여기 있는 형제 중에 가장 보잘것없는 사람 하나에게 해준 것이 바로 나에게 해준 것이다' 하고 말할 것이다. 그리고 왼편에 있는 사람들에게는 이렇게 말할 것이다.

'이 저주받은 자들아, 나에게서 떠나 악마와 그의 졸도들을 가두려고 준비한 영원한 불 속에 들어가라. 너희는 내가 주렸을 때에 먹을 것을 주지 않았고, 목말랐을 때에 마실 것을 주지 않았으며 나그네 되었을 때에 따뜻하게 맞이하지 않았고, 헐벗었을 때에 입을 것을 주지 않았으며, 또 병들었을 때나 감옥에 갇혔을 때에 돌보아 주지 않았다.'

이 말을 듣고 그들도 이렇게 대답할 것이다.

'주님, 주님께서 언제 굶주리고 목마르셨으며, 언제 나그네 되시고 헐벗으셨으며, 또 언제 병드시고 감옥에 갇히셨기에 저희가 모른 체하고 돌보아 드리지 않았다는 말씀입니까?'

그러면 임금은 '똑똑히 들어라. 여기 있는 형제들 중에 가장 보잘것없는 사람 하나에게 해주지 않은 것이 곧 나에게 해주지 않은 것이다' 하고 말할 것이다. 이리하여 그들은 영원히 벌받는 곳으로 쫓겨날 것이며, 의인들은 영원한 생명의 나라로 들어갈 것이다. (마태오 25:31-46)

그 아버지에 그 아들

나는 경기도 한 고등학교에서 역사 교사로 일하고 있다. 교단에 선 지는 17년 정도 되었고. 나이는 43세, 일곱 살 봄이 네 살 쌍둥이 열음이, 산음이 삼 남매를 열심히 키우고 있는 아빠이기도 하다.

내가 기억하는 아버지의 첫 모습은 고등학교 교사로 일하시던 모습이었다. 서울 수유리에 있는 신일고등학교에서 국어 교사로 계시며 학생들을 가르치셨을 때 아버지를 따라 몇 번 신일고등학교 교정에 놀러 간 적이 있었다. 신일고등학교는 작은 산자락을 끼고 있어 나무도 많고, 풀도 많고, 꽃도 많았다. 언젠가는 학교에 피어 있는 진달래 꽃잎을 아버지가 따 주시면서 '이건 먹을 수 있는 꽃이니 한번 맛보라'고 하셔서 아버지를 의심하며 진달래꽃을 입에 넣었던 기억이 있다. 아버지는 신일고 선생님들과 매우 돈독한 사이였던 것 같다. 학교 교정에서 가족 동반 야유회도 했었다. 야유회에서 선생님들의 자녀들이 앞에 나와 춤도 추고, 재롱도 부리고, 선물도 받아 가는 시간이 있었다. 나는 그때 아버지의 무릎 위에 앉아 일어나지 않았다. 숫기가 없어 누구 앞에 나서는 것이 너무 무섭고 부끄러웠다. 나중에 얘기를 들어보니 숫기 없는 것이 아버지가 어릴 때 꼭 그러셨다고 하셨다. 그 아버지에 그 아들이니 내가 앞에 나가 재롱부리지 못한 것을 탓하지 못하셨던 것 같다.

　그렇게 오랫동안 정든 학교를 아버지가 떠나게 됐다는 이야기를, 어머니를 통해 들었다. 그때 나는 열 살, 초등학교 3학년이었고, 아버지의 나이는 지금 내 나이쯤 되셨을 때였다. 아버지가 더 이상 학교에 나갈 수 없는 이유에 대해서 어머니가 잘 설명해 주셨겠지만, 그땐 무슨 얘기인지 잘 알아듣지 못했다. 어렴풋이 이해하고, 내가 아버지를 부끄러워할 일은 아니라는 생각을 했다. 이런 내 생각에 확신을 주는 사람들은 바로 내가 다니는 학교의 선생님들이었다. 내가 학교에 다니며 만났던 담임 선생님들, 그리고 나를 가르치셨던 많은 선생님들이 하나같이 말씀하셨다.

"한맘아, 선생님은 한맘이 아버지를 너무 존경한다."

"지금 네가 아버지와 떨어져 지내는 건 아버지가 너무 훌륭한 일을 하시느라 그런 거야."

그런 말을 들으면서 생각했다.

'어떻게 학교 선생님들은 우리 아버지를 다 알고 계실까? 아버지가 얼마나 훌륭한 일을 하시길래 모두 아버지를 존경한다고 하시는 걸까?'

아버지가 하시는 훌륭한 일이 무엇인지 이해하지 못했지만, 선생님 말씀이면 무엇이든 믿던 어린 학생이었기에 집에 안 계신 아버지를 원망해본 적은 없었다. 그 시절 아버지는 집에 안 계셨다. 정확히는 집에 못 오셨다. 학교에서 해직되시고 경찰의 수배를 받아 도망 다니시던 때 우리 가족이 살고 있던 아파트 주차장에는 항상 형사 아저씨들이 계셨다. 지금 생각해보면 아버지를 잡기 위한 잠복 수사였다. 그런데 그때 형사들도 정말 아버지를 잡을 생각이 있었던 건지는 잘 모르겠다. 우리 집 앞에서 잠복 수사를 해봐야 아버지가 집으로 오실 리도 없고, 결국 우리 가족을 감시하는 일인데, 감시의 대상이 어머니, 열두 살 누나, 열 살 나, 일곱 살 동생이었으니 무슨 소득이 있었을까.

우리 가족은 가끔 먼 곳에 갈 일이 있을 때 형사 아저씨의 차를 빌려 타기도 했다. 어차피 우리를 따라와야 하니 형사들도 우리를 차에 태워주는 것이 손해볼 일은 아니었던 것이다. 또 가족이 명절에 큰집에 갈 때도 따라와 큰집 앞에서 감시했는데, 할머니가 자기 아들 잡으러 온 형사들에게 고생한다고 과일도 깎아 주셨다. 심지어 나는 심심할 때 형사 아저씨와 야구를 했던 기억도 있다. 아버지가 교도소에 들어가신 이후에는 서울구치소, 안양교도소, 진주교도소로 아버지를 보기 위해 면회를 다녔다. 아버지를 만나러 가는 길은 너무 멀었다. 하지만 아버지 면회를 가면 어머니가 항상 면회 대기하는 삼 남매에게 컵라면을 사 주셨는데, 그게 너무 맛있어서 면회도 다녔던 것 같다. 아버지가 들으시면 자기를 만나러 오는 것이 좋은 게 아니라 컵라면 먹는 게 좋았다는 것에 서운하실지 모르지만 적어도 나는 컵라면을 먹는 게 더 좋았다.

어린 시절 아버지는 나에게 가정적인 아버지는 분명 아니었다. 하지만 아버지를 대신해 나에게 용기를 주셨던 학교 선생님들이 있었고, 항상 든든하게 우리의 모든 아픔을 견뎌내신 어머니가 계셨고, 철없이 함께 놀 수 있었던 누나와 여동생이 있었다. 특히 나는 어머니의 약한 모습을 한 번도 본 적이 없다. 형사들이 느닷없이 집에 들이닥쳐 집을 뒤졌을 때도 어머니는 약해지지 않으셨다. 경제적으로도 힘든 상황이었겠지만 우리 삼 남매에게 한 번도 내색하신 적이 없었다. 어머니는 우리가 편하게 의지하고 기댈 수 있는 큰 나무와 같은 존재였다.

아버지는 해직 기간에 많은 사회 운동에 헌신하셨다. 나는 그런 아버지의 모습을 보며 커갔고, 고등학생이 되었을 때 아버지가 쓰신 책들을 읽고 아버지를 더욱 이해할 수 있게 되었다. 그중 《일어서는 교실》이라는 책은 나에게 큰 감동을 주었다. 이 책을 통해 아버지가 왜 어려운 길을 선택하게 되셨는지, 그런 과정을 통해 아버지는 어떤 선생님이 되고 싶으셨는지를 이해할 수 있었다.

나는 아버지처럼 선생님이 되어야겠다는 꿈을 가지게 되었고, 사범대에 진학했다. 정확히는 '전교조 선생님'이 되어야겠다는 꿈을 꾸었다. 전교조를 통해 아버지가 실현하고자 하셨던 참교육을 함께 만드는 선생님이 되고 싶었다. 결국 나는 아버지처럼 전교조 선생님이 되어 오늘을 살아가고 있다.

나는 아버지 같은 선생님이 되고 싶었고, 아버지는 나의 선생님이었다. 아버지는 삶으로 수업하셨고, 나는 운 좋게 그 수업을 가장 가까이서 들을 수 있는 학생이었다. 아버지는 교사의 호흡과 같은 학교에서의 수업을 정권으로부터 강제로 빼앗기셨을 때도 그치지 않고 수업하셨다. 거리에서, 법정에서, 심지어 감옥에서도 자신의 삶으로 수업하셨다.

아버지에게 가장 큰 선생님은 '교사 예수' 라는 것을 《사랑의 교육, 희망의 교육》을 읽고 알게 되었다. 젊은 교사였던 아버지가 폭력과 억압, 반민주주의와 권위주의가 정상이던 교육 현장에서 '예수의 삶'을 통해 많은 힘을 얻고 위로받을 수 있었음을 알게 되었다. 30여 년 전 아버지가 정리한 예수의 교육학은 아직도 그대로 유효하다. 그 폭압적 시대의 교육학이 지금도 유효하다는 것은 안타깝게도 학교가 변하지 않았다는 증거이기도 하다. 그래서 여전히 아버지의 책은 지금 교사인 나에게 물음과 대답이 되어주고 있다.

나는 나의 아버지를 닮았다. 어린 시절 숫기 없던 모습부터 전교조 선생님으로 살아가며 삼 남매를 키우고 있는 모습을 보면 누가 봐도 그 아버지에 그 아들이다. 그런 내 아버지를 나는 선생님으로서 존경하고, 아들로서 사랑한다.

이한맘(아들, 역사교사)

부록

참교육을 위한 최후진술

교사 이수호가 전국교직원노동조합 결성 이후 두 번째 구속되었을 때
항소심에서 한 최후진술로 안양교도소에서 작성하였음.

우리가 강해질 때
'닫힌 교문'은 열립니다

신일 동산의 진달래도 활짝 피었겠지요

재판장님, 오늘도 저는 꽁꽁 묶인 몸으로 철망으로 막힌 호송차를 타고 남태령을 넘어서 이곳까지 끌려 나왔습니다. 지난번 올 때 활짝 피었던 진달래와 개나리는 벌써 자취를 감추고 언덕은 더욱 파랗게 봄의 한가운데에 서 있었습니다. 지난번 진달래가 빨갛게 핀 언덕을 보며, 제가 가장 먼저 떠올린 것은 '신일 동산'이었습니다. 진달래가 무척이나 많았던 그 학교, 봄이면 진달래 망울처럼 새로 입학한 아이들의 웃음이 교실마다 가득하던 그 학교, 제가 10년 이상이나 근무하던 그 학교가 눈에 선했습니다.

묶인 몸으로 흰 고무신에 푸른 수의를 입었지만, 그냥 그곳으로 달려가고 싶었습니다. 쇠창살로 가려진 호송 차로라도 괜찮다고 생각했습니다. 그곳으로만 달려갈 수 있다면, 그쪽으로 가주기만 하면 얼마나 좋을까 생각했습니다.

저는 지금 안양교도소에 있습니다. 모락산 자락에 자리 잡고 있어서 새가 참 많습니다. 아침마다 철창 앞에 와서 재잘거리는 참새 소리를 들으며, 열다섯 자 주벽 너머 아카시아 숲에서 울어대는 까치 소리를 들으며, 저는 가끔 착각에 빠지기도 했습니다. 신일학교의 상담실, 수업 시간을 제외하고 하루 종일을 보냈던 그 상담실에, 내가 있는 것이 아닌가 하는 착각이었습니다. 그 창가에 참새들이 와서 재잘거렸고, 학교 뒷산 아카시아 숲에서도 늘 까치가 울었기 때문이었습니다. 지금도 그 교실에는 진달래처럼 활짝 핀 아이들의 얼굴이 가득하겠지요? 지금도 남모를 고민 하나 가슴에 품고 부끄러운 듯 상담실 문을 두드리는 아이의 발자국 소리가, 돌담 사이에 숨어 사는 굴뚝새 소리처럼 들리겠지요?

돌아가고 싶습니다. 그곳으로 돌아가고 싶습니다. 봄 하늘과도 같은 맑은 눈동자의 아이들이 있는 곳, 그들의 희망과 그들의 고민과 그들의 삶이 있는 곳, 제가 함께할 사람은 바로 그들이고, 제가 돌아가야 할 곳은 바로 그곳입니다. 만나고 싶습니다. 아이들을 만나고 싶습니다. 그리고 함께 아이들을 걱정하던 동료들을 만나고 싶고, 언제나 웃음 띤 얼굴로 인사를 나누던 경비 아저씨도 만나고 싶습니다. 제가 이런 처지로 여기에 있지만, 그곳 신일학교의 풀 한 포기, 돌 한 덩이까지 살뜰히도 그리운 것은 제가 바로 '교사'이기 때문입니다. 평생을 아이들, 동료들과 함께 교육 현장에서, 참 교육적 삶을 살기로 작정한 이 나라 이 시대의 한 교사이기 때문입니다.

제가 학교를 떠나올 때가 봄날도 다가는 5월의 끝부분이었습니다. 그 뒤로 세 번의 봄을 맞으며, 3월이면 이상하게 가슴이 답답하고 머리가 무거운 증세에 시달렸습니다. 처음에는 춘곤증이나 격무 탓이라고 생각했습니다. 올해야 비로소 그 원인을 깨달았습니다. 학교로 돌아가고 싶은 일종의 향수병이었습니다. 보고 싶은 아이들을 만나서, 손잡고 한번 환하게 웃으면 나아 버릴, 해직 교사가 대부분 앓고 있는 '해직병'임을 알게 되었습니다.

해마다 봄이 오고 새학기가 시작하는 3월이 되면, 아픈 가슴 달랠 길 없어, 자기도 모르게 진달래, 개나리처럼 아이들이 활짝 핀 학교로 몰래 가보는 사람들이 있습니다. 먼발치에서 마치 꽃구경이라도 하듯 운동장과 교실을 훔쳐보며, 흐르는 눈물을 주체하지 못하는 사람들이 있습니다. 바로 그 학교에서 쫓겨난 선생님들입니다. 일천오백여 명의 전교조 해직 교사들입니다.

교육을 염려하고 아이들을 사랑한 죄로 거리의 교사가 된 이 땅의 참 스승들입니다. 그들이 한 일은 교직 현장의 관료화를 비판하며 학교 민주화를 요구한 일이었으며, 교육 재정을 늘려서 교육 여건을 개선할 것을 요구한 일이었으며, 잘못된 입시 위주의 경쟁 교육을 탈피하고 시민 정신을 함양하는 전인 교육을 부르짖은 일이었으며, 아이들을 골고루 사랑하고 교권을 스스로 지키기 위해 학부모의 돈봉투를 거절한 일이었습니다.

교사 스스로가 주체가 되어 자주적 태도로 자율적인 방법으로 교육 문제를 책임 있게 해결해 나가려 했던 것입니다. 헌법이 보장하는 국민의 기본권인 결사의 자유와 단결의 자유에 의거해 전교조를 결성하고 교육 문제를 주체적으로 해결함으로써 교사의 신성한 임무를 책임 있게 수행해 보려고 했던 것이, 그들이 한 일이었습니다.

그런데 부도덕한 현 정권은 그러한 교사들의 정당한 권리를 탄압의 군홧발로 짓밟았습니다. 여기에 이렇게 푸른 옷을 입고 서 있는 저도 그들 중 한 사람인 목 잘린 이 시대 교사의 한 사람일 뿐입니다.

저는 저의 첫 학교에서 이렇게 실패했습니다

재판장님, 저는 1974년 10월 31일 3년간의 군복무를 마치고 집으로 돌아왔습니다. 경상북도에서도 가장 오지였던 울진군 근남면에 있는 신설 사립 중학교인 제동중학교에 부임하기 위해서였습니다.

저는 그날 오후 일곱 시간의 긴 버스 여행 끝에 드디어 교단에 섰습니다. '반갑습니다'라는 인사말로 시작된 저의 첫 교단생활, 교사로서의 첫 출발은 그렇게 시작되었습니다. 그때 제 나이는 스물일곱이었고 온통 교사로서의 보람찬 미래와 아이들을 사랑하려는 열정으로 가득했습니다. 대부분의 신임 교사처럼 저도 희망과 열정을 가슴에 품고, 성실을 무기 삼아 교사 생활을 시작한 것입니다.

그곳에서 저는 정말 할 수 있는 최선을 다했습니다. 소외된 농어촌 지역의 열악한 교육 환경을 탓하지 않았습니다. 그 모든 것을 교사의 헌신과 열성으로 해결할 수 있으리라 생각했습니다.

오히려 어려운 가정 형편을 탓하는 아이들을 호되게 나무랐습니다. 부지런히 공부만 열심히 하면 모든 것이 다 해결된다고 다그쳤습니다. 열심히 공부하고 성실하게만 살면, 고등학교도 대학도 갈 수 있고, 가난도 면하고 남부럽지 않게 살 수 있다고 소리쳤습니다. 그리고 저자신도 그렇게 믿고 3년 동안 저의 모든 것을 몽땅 쏟아부었습니다. 한 아이라도 결석생이 있으면, 이십 리 삼십

리 산길을, 재를 넘고 물을 건너며 자전거 페달을 밟았습니다. 그리고 그 아이를 데려오고야 말았습니다. 어떤 경우에라도 지각이나 조퇴도 허락하지 않았습니다. 매일 시험을 치게 했고 내 돈으로 상품을 사서 성적이 우수한 학생에게 상을 주기도 했습니다.

그렇게 첫 졸업생을 내게 되었습니다. 졸업이 다가왔을 때 먼저 학교를 찾아 온 사람은 부산의 신발 공장과 대구 봉제 공장 사람들이었습니다. 산업 역군이란 이름을 붙여 소나 돼지를 흥정하듯이 머릿수를 맞추어 공장으로 데려가기 위해서였습니다. 부모들은 기뻐했고, 학교에서는 형편이 어려워 진학할 수 없는 아이들은 어쩔 수 없는 일이 아니냐며, 집에서 빈둥거리는 것보다는 낫다고 했고, 아이들은 훌쩍거리며 울었습니다. 저는 3년간이나 아이들에게 거짓말만 한 자신을 발견하고 아이들 앞에서 고개를 들 수가 없었습니다. '이게 아니었는데, 이럴 수는 없는 일인데' 하고 아무리 혼자 머리를 쥐어뜯어 보아도 혼자서는 해결할 수가 없었습니다.

첫 졸업생들과 함께 저도 결국 그 학교를 그만두는 수

밖에 없었습니다. 모두 열심히 공부해서 고등학교에 진학해, 더 질 높은 삶을 살아야 한다는 가르침대로, 공부만 죽어라고 한 제자들이 어느 날 관광버스에 실려 공장으로 팔려 가는 것을 보며, 저는 결국 저임금으로 부려먹기에 알맞은 상품을, 온갖 거짓말로 만들어낸 사기꾼이 되어버린 사실을 깨닫게 된 것입니다. 단지 시골에서 가난한 농부나 어부의 자식으로 태어난 것 때문에 자기 희망과는 상관없이 공장으로 가야 하는 제자들의 뒷모습을 보면서, 학교 교육에 대해서 다시 한번 생각해 보지 않을 수 없었습니다.

이게 현실이라면 오히려 노동의 건강함과 신성함을, 그리고 올바르게 사는 참삶이 무엇인가를 가르쳤어야 했는데, 제가 3년 동안 가르친 것은 오로지 상급 학교 진학을 위한 사지선다형 단순 지식밖에 없었으니까요. 저를 비롯한 학교 전체가 모두 성적, 성적 하면서 아이들을 점수의 노예로만 만들었으니까요.

그 제자들이 공장에 가서 노동력을 착취당하면서, 지난 3년 동안 학교에서 배운 것이 헛것임을 깨닫고, 그런 엉터리 교육을 한 저를 원망할 생각을 하면 부끄러움과 죄책감에 온몸이 떨렸습니다.

저는 서울로 올라왔습니다. 이왕 들어선 길, 시골에서 겪은 실패를 거울삼아 교육에 대해 좀 더 배우고 싶었고, 또 도시의 교육에 대해 경험해 보고 싶었던 욕망도 있었습니다.

서울로 왔지만 또 실패할 수밖에 없었습니다

서울 신일중고등학교에 근무하게 되면서 '새로운 교사'를 향한 도전을 시작했습니다. 그것이 1977년 3월이었습니다. 대학원에 진학하여 교육에 관한 체계적인 공부도 계속했습니다. 그런데 서울에 와서 느낀 대도시의 학교 사회는 한마디로 복마전이었다는 사실이었습니다. 썩어도 아주 철저히 썩어 있었습니다.

박정희의 5·16 군사 쿠데타 이후 '잘살아 보세'라는 구호 아래 펼쳐졌던 경제 성장 위주의 개발 독재는, 모든 가치관을 뒤집어 놓고 있었습니다.

교육의 가장 중요한 목표인 '더불어 함께 살아가는',

시민 의식이 풍부한 인간다운 질 높은 삶을 누리게 하는 '인간 교육'은, 학교 현장 그 어디에도 없었습니다. 올바른 가르침의 기준이 되어야 할 아이들의 교과서는 국가 시책이 바뀔 때마다 바뀌면서 정권 홍보물로 전락해 있었고, 일제 치하에서 민족을 배반하며 식민지 교육에 앞장섰던 교육 관료들은 아직도 그 자리를 지키면서 교장, 교육감, 문교부 관리가 되어 형식 위주의 관료 체계를 더욱 강화하며, 교육을 정권의 예속물로 만들어 놓고 있었습니다. 경제 우선 정책으로 사회 경제적 지위가 상대적으로 열악했던 교직 사회는 결국 교사의 질을 떨어뜨릴 수밖에 없도록 만들며, 교사들로 하여금 소신도 책임감도 사명감도 없이 열등감에 가득 찬, 목구멍을 위해 어쩔 수 없이 붙어 있는 비참한 월급쟁이로 전락시켜 버렸습니다.

졸업한 제자들에게서 "선생님! 아직도 거기 계세요?"라는 전화를 받을 때마다, 교직 사회가 인간 낙오자들이나 모여 있는 곳이라는 참담한 심경에 빠지지 않을 수 없었습니다.

학부모들은 돈 몇만 원을 봉투에 넣어 와서는 당당하

게 놓으면서, 자기 아이에 대한 편애와 함께 교사의 자존심과 양심마저도 뻔뻔스럽게 돈으로 바꾸려 했으며, 학생들은 그러한 교사를 등 뒤에서 손가락질하고 비웃으며 불쌍하게 여기는 그런 세태였습니다. 대학에 가고 싶어도 갈 수 없는 75%의 학생들이, 졸업 후 바로 사회에 나가 건강한 생활인으로, 민주 시민으로, 인간답게 살아갈 수 있는 교육 계획은 아무것도 없었고, 갈 수도 없는 대학을 갈 수 있다고 사기 치며 장밋빛 환상만 가지게 하여, 올바른 삶의 길을 오히려 막았으며, 그렇게 함으로 보충 수업비와 자율 학습비를 일률적으로 내게 하고 각종 참고서와 문제집을 사게 함으로써, 거기에서 생기는 떡고물을 챙기곤 했습니다.

또 많은 교사들은 힘이 덜 들고 수입이 좋은 부자 아이들의 과외 지도에 더 열성이었고, 대부분의 학교 교육이 천박한 자본주의와 잘못된 정책 아래서 병들 대로 병들어 있었습니다.

이러한 상황 속에서 제 나름대로는 몸부림을 쳐보았습니다. 다른 교사들이 과외팀을 찾아 보따리장수를 하고 다닐 때, 그런 교육에서조차 소외된 공장 아이들을 위해 야학에 나가 같이 울면서 수업도 해 보았고, 황금 만능주의 사회에서 물신주의에 찌들어가는 아이들을 붙들고, 참다운 인간의 삶에 대해 뜨겁게 얘기해 보기도 했습니다. 그럴 때마다 주위에서 돌아오는 반응은 '당신 혼자 그런다고 뭐가 될 것 같습니까?'라는 연민에 찬 염려의 말이나, '선생님 진도 나가요'라는 성적의 노예가 된 아이들의 찌들은 하소연뿐이었습니다.

뜻이 통하는 몇몇 선생님과 함께 고민도 해 보았지만, 가로막는 것은 교육의 주체인 교사, 학생, 학부모를 철저히 소외시키고 있는 교육법과 교사들의 올바른 의견 수렴을 철저히 원천 봉쇄하고 있는 지시 일변도의 관료적 교육 행정이었고, '그냥 시류에 따라 적당히 편안하게 살자'라고 하는 자포자기의 교직 사회의 윤리관이었습니다.

드디어는 학교를 '돈 놓고 접수 먹기'의 시장판으로 생각하고, '점수는 곧 대학'이요, '대학은 곧 출세'라는 잘못된 사회 풍조는, 학교를 점수와 상급 학교와 출세를 파는 회사쯤으로 생각하는 풍조에 이르게 되었습니다.

이 땅의 교사는 정말 어떻게 살아야 합니까?

재판장님, 이것이 정말 교육이고, 이것이 정말 학교입니까? 이럴 때 교사는 어떻게 해야 합니까?

적당히 수업이나 때우고 봉급이나 받고, 봉투를 갖다주는 학부모나 있으면 굽신거리며 받아서는 신세타령이나 하며 술이나 마시면서, 뭔가 잘못된 사회를 욕이나 하고, 그렇게 해서 게슴츠레해진 눈으로 다시 교실에 들어가고….

저는 그렇게는 살 수 없었습니다.

그렇게 살기에는 하나님께서 저에게 준 이 생명이 너무나 귀했고, 제가 그렇게 삶으로써 필연적으로 피해를 보는 많은 제자들에게 죄스러웠기 때문이었습니다. 무엇보다도 그러한 삶은 참교사의 삶이 아니었습니다.

얼마 전에 '뉴키즈 온 더 블록'이라는 외국 노래팀이 와서 공연한 것과 관련된 사건을 기억하실 것입니다. 그때 발생한 한 여학생의 죽음을 비롯한 이해하기 힘든 여러 가지 청소년의 행태를 보며, 많은 어른들은 놀라며 걱정했습니다. 저도 비록 감옥에 있었지만 큰 충격을 받고 마음 아파했습니다. 아직도 교사인 저에게 책임으로 압박해 오는 큰 고통이었습니다.

저는 지금 안양교도소에서 소년수 사동인 2동에 수감되어 있습니다. 안양교도소는 원래 대인수만을 수용하는 교도소였다고 합니다. 그런데 최근 청소년 범죄가 급증하여 기존의 소년수를 수용하는 구치소에 다 수용할 수가 없어서 안양교도소까지 3개 사동을 소년수들만 수용하게 되었다고 합니다.

제가 학교에서 근무할 때 가르쳤던 그 또래의 아이들과 요즘 저는 같은 사동에 있습니다. 그 아이들을 매일 보면서 저는 매일 고문을 당하는 기분입니다. 그들 중 많은 수가 강간, 강도범입니다. 그 아이들에 대해서 많은 부분이 바로 저와 같은 교사나 학교의 책임입니다. 이러한 현실이 교사인 저를 너무나 마음 아프게 합니다. 또한 그러한 심각한 청소년 문제들이 현재와 같은 교육 체제 아래에서는 필연적일 수밖에 없다는 절망감이 저를 더욱 괴롭게 합니다.

그리고 그런 문제를 부둥켜안고 올바르게 교육해 보

려는 교육계(학교) 내의 자율적이고 자주적인 주체적 노력이 매도당하고, 그러한 일에 앞장선 선생님들이 해직당하고 감옥에 갇히는 현실이 저를 분노케 합니다.

지금 우리나라는 건전한 상식과 바른 도덕이 붕괴하여 버렸습니다.

온갖 부정과 탈법으로 진행된 이번 총선은, '정치권은 원래 그런 것이 아니냐?' 하고 깔아뭉개거나 얼버무리기에는, 사회에 미치는 교육적 영향이 너무나 큽니다. 그렇게 정치가 개판을 치고 있는 사이에, 어린이 유괴나 인신매매, 가정 파괴범을 비롯한 강도, 강간 등 큼직한 범죄는 급증하고 있습니다.

술집 문전에서 푸대접받은 한 젊은이가, 홧김에 수백 명이 함께 술 마시고 있는 주점에 불을 지르는가 하면, 약시 때문에 설움을 받은 한 청년이, 훔친 자동차로 어린아이들이 놀고 있는 광장을 질주하여 깔아 죽이는 사건 등을 보면서, 탄식과 한숨만 쉬고 있습니다. 지금과 같은 정치나 교육 체제에서는 돋아날 수밖에 없는 독버섯임을 알면서도 근본적으로 개혁해 보려는 생각은 하지 않고 있습니다.

심지어 전교조가 결성되던 1989년 무렵에는 한 해에 성적 등을 비관하여 자살하는 아이들이 평균 1백여 명에 달하기도 했습니다. 이러한 교육 현실 앞에서 교사인 저는 저의 책임이 어디까지인가를 고민해야 했으며, 제가 무엇을 어떻게 해야 할 것인가를 결정하지 않을 수 없었습니다.

저는 교육 운동을 시작할 수밖에 없었습니다

제가 교육 운동에 뛰어든 것은 바로 이러한 고민에서였습니다.

1980년대 초, 그 암울했던 5공화국 초기 시절에는, 주체적으로 공개적인 조직 하나도 만들지 못해 YMCA 내의 모임에서 활동했습니다. YMCA 교사회를 중심으로 1986년에 '교육 민주화 선언'을 함으로써 교육 운동의 대중화를 위한 초석을 놓게 되었습니다. 그리고 사회 전반적인 민주화 추세와 함께 1987년 6월 항쟁 이후 6·29 항복 선언이 있었고, 그것에 힘입어 자주적이고 자율적인 교사 단체인 전국교사협의회가 결성되어 보충·자율 학습의 폐지, 돈봉투 안 받기, 사립 학교의 학내 민주화 투쟁 등과 함께, 관료적 체계를 온존시키는 비민주적이고 반교육적인 교육 악법을 개정시키는 활동을 시작했습니다.

그러나 교사협의회라는 느슨한 임의 단체로는 아무것도 해낼 수가 없다는 사실을 깨닫고, 더욱 철저한 교사들 스스로 각성을 토대로 한, 법적으로 그 활동을 보장받을 수 있는 단체의 결성을 모색하게 되었습니다. 그것은 바로 교사도 노동자라는 인식과 단결과 교섭을 법적으로 보장받을 수 있는 노동조합이었습니다. 전교조의 결성은 이렇게 시작되었습니다.

그리고 그 법적 근거는 바로 1987년 6월 항쟁을 통해 국민의 힘으로 바꾸어 낸 새 헌법의 정신이었습니다. 실제로 새 헌법의 정신에 따라, 여야가 합의하여 교육 공무원을 포함한 6급 이하의 공무원이 단결권을 가지는, 개정된 노동법이 국회 본회의를 여야 만장일치로 통과된 바 있고, 그에 따라 교육법도 교사의 단결권을 보장하며, 복수 교사 단체를 허용하는 민주적인 방향으로 개정

될 시점에 있었던 것입니다. 그것이 1989년이 되면서 부산의 동의대 사태와 문익환 목사님의 방북 등을 빌미로 공안 정국이 조성되면서, 대통령이 거부권을 행사함으로써, 국민의 의사에 반하는 독재의 칼을 다시 빼게 된 것입니다.

그러나 교사들의 90% 이상, 국민의 70% 이상의 지지에 힘입은 우리는, 교육 문제의 해결을 통해 교사의 책임을 다하기 위해 엄숙히 자주적 교사 단체로서 전교조의 깃발을 세운 것입니다. 교육의 장악을 통해서만 정권 유지가 가능하다고 판단한 현 정권은 교육의 민주화를 통한 사회 민주화에 대한 국민의 열망을 무시한 채 탄압의 칼날을 휘둘러 탈퇴를 강요함으로써, 수만의 교사를 절망감 속에 빠뜨리고 수천의 교사를 해직시켰으며 수백의 교사를 감옥에 처넣는 세계 역사상 전대미문의 교육 대학살을 자행했던 것입니다. 그것은 바로 현실뿐만 아니라 10년 뒤 20년 뒤의 우리 사회를 암담하게 만들고, 후손이 살아야 할 장래에 대한 희망마저 무참히 짓밟아 버린 것이었습니다.

현 정권은 그렇게 탄압의 칼을 휘두르는 한편, 개량적 조치로 대한 교련을 민주화하고, 교육 투자를 증대시키며, 교사의 사회 경제적 지위를 향상시킨다는 장밋빛 약속을 했으나, 그 뒤에 실질적으로 지켜진 것은 아무것도 없고, 오히려 수업 시수가 느는 등 더 열악한 상태로 돌아가 버린 것입니다.

6공화국의 교육 실정은 이렇습니다

재판장님, 제6공화국인 현 정권은 전교조 사태로 대표되는 교육 대개혁을 통한 교육 민주화의 요구를 국민으로부터 받으면서, 교육 부문에 대해 많은 신경을 쓴다 하면서도 근본적 인식의 변화나 발상의 전환 없이, 임기응변의 기만정책으로 일관해 왔다고 할 수 있습니다. 현 정권이 경제정책의 실패로 민생을 어렵게 한다는 비판을 받고 있습니다만, 더욱 심각한 것은 교육 정책의 부재 및 실패에서 초래되는 우리 사회의 도덕적 붕괴입니다.

이제 몇 달을 남겨 놓지 않은 6공화국의 교육 실정을 간단하게 살펴봅니다.

첫째는 최근 더욱 극심해지고 있는 과외 등의 부조리를 낳고 있는 입시 경쟁의 심화입니다. 그것은 결국 상위 몇 명의 학생을 중심으로 하는, 이른바 엘리트 교육의 강화로, 필연적으로 다른 학생의 희생이 따르지 않을 수 없습니다. 각종 청소년 문제 등 사회 문제가 여기에 그 근본 원인이 있음을 현 정권은 깨닫지 못하고 있습니다. 둘째는 교원의 자주적, 자율적 활동을 억압하고 탄압함으로써 교원의 기본적 권리 보장과 실질적 사회 경제적 지위 향상을 외면하고 있는 것입니다. 그것은 전교조에 대한 어처구니없는 계속된 탄압으로도 잘 나타나고 있습니다. 그렇게 함으로 결국 교원의 사기를 떨어뜨리고 나아가서 교육의 질을 떨어뜨림으로써, 국민의 질 높은 교육을 받을 권리를 침해하고 있는 것입니다.

셋째는 사립학교법의 개악, 허구적 교육 자치의 시행 등으로 민주적 학교 운영과 진정한 의미 국민의 교육 참여를 더욱 후퇴시켰습니다. 요즘 사립 대학의 입시 부정과 학원 자주화 문제, 사립 중고등학교에서 일어나고 있는 각종 비리는 차마 입에 담기조차 어려운 실정입니다.

넷째는 학교 교육을 상급 학교 진학이나 취업 등 기능주의를 조장하는데 머무르게 하고, 무국적주의적 개방화를 통해 민족의식을 말살시키고 통일 교육을 외면함으로써 시대 변화에 부응하지 못하게 하고 있습니다.

다섯째는 최근 농촌의 피폐는 농촌 학교의 문을 닫게 하고, 상대적으로 도시권 학교는 2부제가 느는 등 교육 환경은 더욱 열악해지고, 학교 주변의 비교육적 환경을 방치하여 청소년의 탈선이 오히려 조장되고, 교육 투자 미흡과 입시 교육 강화는 학부모의 사교육비 부담을 더욱 증대시켜 왔습니다.

여섯째는 이러한 전반적인 교육의 행태와 위기는 결국 청소년 문제의 악화로 나타나, 각종 청소년 범죄가 급증하고 조직화, 흉폭화하는 등, 걷잡을 수 없는 사회 문제로까지 발전하게 되었습니다. 이것은 결국 나라의 장래를 암담하게 만드는 것입니다.

이러한 6공화국의 전반적인 교육 실정에도 불구하고 누구 한 사람 책임지는 사람은 없고 정권 다툼에만 광분하고 있는 것이 현실입니다. 오히려 이러한 교육의 황폐

화에 대한 일단의 책임을 느낀 교사들의 자주적 해결 의
지마저 탄압으로만 일관해 왔습니다.

그런 과정 속에서 저도 해직되었고, 감옥에 갇혔으며,
출옥하자마자 또 수배되었고, 또 감옥에 갇히게 된 것입
니다. 제가 국민연합이나 대책회의라는 연합 운동 연대
기구에 참여하게 된 것도 이런 맥락에서 이해되어야 합니
다. 물론 전교조의 조직적 결의와 저의 결단으로 이루어
진 것이지만, 그 밑바탕에는 결국 이러한 교육 문제 해결
의 선상에서, 현재와 같은 정치 체제 아래서는 교육 문제
만 따로 떼어서 해결될 수 있는 문제가 아니라는 인식과
함께 정치 민주화와 사회 민주화를 앞당기는 일이 결국
교육을 제자리로 돌아서게 하는 길이요, 그것이 곧 전교
조 문제의 해결이라는 것을 깨닫게 된 것입니다. 더 솔직
하게 말씀드리면 저는 복직을 하루라도 빨리 하고, 전교
조를 하루라도 더 빨리 합법화시키기 위해 국민연합이나
대책회의에 참가한 것입니다.

민자당은 정상배들의 정치 야합의 산물입니다

국민연합 활동을 생각하면서, 1990년 당시 민자당이 정치 모리배들의 야합의 산물로 탄생했을 때 왜 그렇게 많은 국민들이 분노하면서 일어났던가가, 2년이 지난 지금에야 더욱 분명해졌습니다. 깨어 있는 국민은 국민의 뜻을 정면으로 거스르는 민자당의 야합은, 결국 경제 정책의 실패와 민생의 외면, 정치의 부재와 독재 체제 구축 밖에 없다는 예상을 하면서, 오늘날처럼 추악한 정권 다툼을 일삼으며 국민에게 정치적 절망감을 심어줄 것을 미리 알았기 때문입니다.

1990년 5월 9일 민자당 창당일에 있었던 집회 계획이 경찰의 원천 봉쇄로 무산되었음에도 그날 거리로 쏟아져 나온 시민들이 1987년 6월 이후 가장 많았던 것은, 민자당이라는 정치적 배신에 대한 국민의 응징 표시였고, 그것은 결국 이번 총선을 통해 투표로도 나타난 것입니다.

국민의 의사 표시는 헌법이 보장하는 대로 여러 가지의 모습으로 나타납니다. 그중에서도 시급한 상황에서, 또는 적극적인 의사 표현을 요구받을 때 집회와 시위의 형태로 나타납니다. 헌법이 구태여 집회와 시위 등 정치적 직접 표현의 자유를 적극적으로 보장하도록 규정하고 있는 것은, 그것이야말로 자유 민주주의의 요체이며 자유 민주주의의 내용을 풍성하게 하는 것이며, 자유 민주주의를 발전시키는 것이기 때문입니다.

민자당이 그때 국민의 참뜻을 알고 그 뜻을 겸허히 받아들였던들, 오늘날과 같은 이러한 참패와, 반이나 줄어든 떡 덩이를 물어뜯으며 아귀다툼하는 비참한 지경에는 빠지지 않았을 것입니다. 민자당으로의 인위적 통합 이후 다수당의 폭력으로 점철된 정치 행태 속에서, 우리나라 민주주의가 얼마나 뒷걸음질했으며 인권 상황이 얼마나 더 열악해졌는가는, 모든 국민이 너무나 잘 알고 있으므로 이 자리에서 더 말할 필요를 느끼지 않습니다. 경제정책의 실정으로 인한 물가의 폭등과 민중 생존권의 파탄, 방송 관계법, 군 조직법, 제주 개발법 등 많은 악법의 제정과 국가보안법, 사립학교법 등의 개악 등 민주 발전을 저해하는 각종 법안의 양산, 그러한 법안들을 처리하는 과정에서 보여 준 정치 실종의 참담한 모습, 정부에 대한 비판 세력이나 반대 세력에 대한 무자비한 탄압, 그로 인해 저질러진 탈법적인 인권 탄압, 정치 철학 부재로 인한 사회 윤리의 붕괴와 그로 인한 사회 혼란 등이 극심한 지경에 이르렀으며 허구적 북방 정책과 일관성 없는 통일 정책으로 국민을 기만하며 혼란에 빠뜨리며 정권 유지에만 이용하고 있는 사실들은, 이미 국민이 모두 인식하고 있는 사실일 것입니다.

이제 곧 강경대 군 사망 1주기가 돌아옵니다

이제 현 정권은 분명히 깨달아야 합니다. 공권력이라는 이름의 폭력에 의한 정치적 탄압으로 정권을 유지하던 시대는 이제는 가고 있습니다. 국가의 행정 조직을 정권 유지의 도구로 당연히 활용하며 군이나 안기부를 통해 조작하고 공작하던 시대가 어떤 종말을 맞고 있는가를 우리는 이번 총선을 통해 보고 있는 것입니다. 아무리 검찰이 수사를 적당히 하고 또 어물쩍 넘어간다고 하더라도, 또 사법부의 판결이 있기 전에, 벌써 깨어 있는 국민은 마음속으로 이미 판결을 한 것입니다.

그리고 그동안의 민족 민주 운동 진영의 끈질긴 노력과 수많은 청년 학도의 목숨을 건 투쟁으로, 국민은 각성하고 깨어나고 있다는 사실을 현 정권은 분명히 깨달아야 합니다.

그리고 이제는 각성한 민중이 스스로 정치 세력화하여 정치의 주체로 나섬으로써 억압과 굴종을 뚫고 역사의 전면으로 등장하고 있다는 사실도 알아야 합니다.

이제 며칠 있으면 강경대 군 사망 1주기가 돌아옵니다. 전국 백만 학도들은 전대협을 중심으로 4월 26일 강경대 열사의 죽음에서 5월 25일 김귀정 열사의 죽음에 이르는 한 달간을 자주·민주·통일을 위해 순국한 열사들을 추모하는 기간으로 정해 먼저 가신 거룩한 열사들의 넋을 기리며, 자주·민주·통일을 염원하고 실천하며 폭력을 추방하는 결의를 다진다고 합니다. 이것은 단지 피끓는 젊은이들의 갸륵한 뜻일 뿐만 아니라, 뜻있는 국민 모두의 바람이기도 할 것입니다.

저는 지금도 강경대나 김귀정 등 그 당시 산화하신 열 분이 넘는 열사를 생각하면 잠을 이루지 못합니다. 그의로운 죽음 앞에 내가 할 수 있었던 일은 너무나 부끄럽고 초라했기 때문입니다. 장례 하나도 평화롭고 엄숙하게 치러 내지 못하고, 최루탄과 쇠 파이프 없는 나라로 떠나가는 그 영령들을, 또 최루탄 가루가 안개처럼 자욱하고 쇠 파이프가 난무하는 속으로, 그 가스에 질식해 어머니가 실신하는 지경에 이르기까지 했으니까 말입니다. 어떤 때는 감옥에 있는 것이 다행스럽게 느껴질 때도 있습니다. 제가 지금 밖에 있으면 그 유족들을 어떻게 뵈며 그가 마지막 간 그 길을 어떻게 또 밟겠습니까?

재판장님, 강경대 군의 처참한 살인 사건은 어떻게 일어난 것입니까? 민자당으로 거대 여당이 된 현 정권에 의해 저질러진 폭력적 정치 행태는 정치 불신과 각종 부정과 비리를 필연적으로 양산해 내었고 사회는 혼란해지기 시작했습니다.

1991년 벽두를 장식한 의원 외유와 관련된 국회의원의 비리 사건을 필두로 청와대까지 개입한 수서 비리 사건, 이어서 터진 낙동강 페놀 오염 사건 등등의, 부패하고 무능한 정권의 말기적 현상들이 속출하자, 이에 당황한 현 정권은 소위 공안 통치라는 이름 아래 폭력적 탄압으로 정권을 유지할 수밖에 없었습니다. 비판 세력이나 반대 세력에 대해서는 더욱 강경한 대응을 하지 않을 수 없었습니다. 학내 문제로 집회나 시위를 하는 학생들까지도 '끝까지 추격하여 반드시 체포하는 것'이 상부의 지침이었습니다.

학교 안으로 도망가던 경대는 이러한 공격적 강경 진압의 지시에 따라 수 명의 전투 경찰에게 붙들려, 쇠파이프와 각목 등으로 무차별 구타를 당해 살해된 것입니다. 그것을 보고도 못본 척한다거나, 그러한 사실을 알고도 모른 척하는 것은, 결국 그러한 살인 행위를 방조함으로써 그 행위에 참여하는 것이나 다를 바 없는 것입니다. 국민의 재산과 생명을 지키고 보호할 임무를 방기한 정부에 대해서는 당연히 국민은 직접 나서야 하는 것입니다.

그래서 저는 그곳으로 뛰어갔던 것입니다.

3년 전만 해도 저는 한 평범한 교사였습니다

재판장님, 3년 전만 해도 한 평범한 교사였던 저는 오늘 전교조를 비롯한 우리나라 민족민주 운동 전체의 중심 인물로 여기에 이렇게 서있습니다. 저도 원하지 않았고 그 누구도 원하지 않았던 일입니다. 잘못된 시대와 역사는 한 평범한 교사의 역할을 이렇게 확대시켜 놓았습니다. 그러나 저는 아직까지도 학교와 학생밖에 모르는 한 교사일 뿐입니다.

밝은 태양빛 아래서는 보이지도 않을, 말없이 자기 몸을 태우며 살아가는 조그만 촛불과 같은 저를, 반교육과 비민주의 어둠이 이렇게 별스럽게 밝게 드러나 보이도록 하는, 이런 현실 상황이 안타까울 뿐입니다. 이 시대의 교사인 저는 다시 한번 강조합니다. 교육의 민주화 없이 사회의 민주화는 없습니다. 교육의 튼튼한 기반 없는 튼튼한 미래는 없습니다. 교육의 희망이 보이지 않는 곳에서는 그 사회의 장래는 절망일 수밖에 없습니다. 그런 의미에서 우리나라 교육은 다시 태어나야 합니다. 교육의 대개혁 없이 국가와 민족의 장래는 암담할 수밖에 없습니다. 이미 너무 늦었기 때문에 시급히 서둘러야 합니다.

닫힌 교문은 아이들에 의해 열립니다

교육 대개혁은 이렇게 이뤄져야 합니다.

첫째, 입시 위주의 교육은 지양되어야 합니다. 경쟁 교육은 개인주의나 이기주의를 길러낼 뿐입니다. 평등 교육을 통해 더불어 함께 사는 인간미 넘치는 사회를 만들어가야 합니다. 그래서 우리 후손들은 질 높은 삶을 누릴 수 있는 민주 시민이 되어야 합니다.

둘째, 교육의 핵심 주체인 교원의 권리 보장과 처우가 대폭 개선되어야 합니다. 어느 나라나 다 인정하고 있는 교사의 단결권은 실제로 보장되어야 하고, 그것에 기반하여 교원은 교육의 진짜 주인이 되어야 합니다. 그런 의미로 출발한 전교조는 합법화해야 하고, 해직된 전교조 교사들은 전원 조건 없이 원상 복직되어야 합니다.

셋째, 올바른 교육 자치의 실시로 교육 주체의 교육 기본권이 보장되어야 합니다. 학교가 교육 자치의 기본 단위가 되어야 합니다. 그렇게 하기 위해서는 교무 회의가 의결 기구화되어야 하며, 학생, 학부모도 학교 경영에 참여할 수 있어야 합니다. 교육위원이나 교육감의 직접 선출을 통해 지역 주민의 교육 통제권이 실질적으로 보장되어야 합니다.

넷째, 교육 과정, 교육 내용은 민족·민주·인간화 교육으로 확실한 목표를 잡아야 합니다. 교과서나 교육 과정의 중앙 통제는 지양되어야 하고 많은 부분이 지방 교육 자치 기구나 학교에 위임되어야 합니다. 지역 실정에 맞는 교육과 함께 진정한 통일 교육이 실시되어야 합니다.

다섯째, 국가의 과감한 교육 투자로 교육 환경이 획기적으로 개선되어야 합니다. GNP의 3% 수준에 머무르고 있는 국가의 교육 투자를 5% 이상으로 증액시켜야 합니다. 통일과 평화를 지향하며 국방비를 크게 줄여 모두 교육비로 전환시켜야 합니다. 그래서 육성회 찬조금 등 각종 잡부금을 폐지시키고, 학부모의 엄청난 사교육비를 경감시켜야 합니다.

여섯 번째, 날로 심각해가는 청소년 문제를 근본적으로 해결해야 합니다. 그 방법은 학교 교육의 정상화밖에 없습니다. 학교야말로 청소년들의 가장 즐겁고 행복한 교육적 삶의 자리가 되어야 합니다. 학생들의 자주성과 자율성을 최대한 신장시키고 모든 문제를 스스로 해결해 나갈 수 있는 여건과 교육 과정이 마련되어야 할 것입니다. 이것이 바로 성적 위주의 입시 교육에서 참다운 인간을 위한 삶의 교육으로 제자리를 잡는 학교 교육의 정상화입니다.

그러면 이러한 교육 대개혁을 어떻게 이루어 나갈 수 있습니까!

교육의 주체들이 한 자리에 모여 함께 의논하고 합의하고 실천해 나가는 길밖에 없습니다. 우선 교육의 핵심 주체라고 할 수 있는 교사와 문교부가 만나야 합니다. 지금 교사 집단을 대표할 수 있는 단체는 전교조와 한교총입니다. 전교조와 한교총은 앞서 말씀드린 내용을 가지고 문교부와 무릎을 맞대야 합니다. 진지하고 솔직하게 아이들과 교육만을 위해 이야기를 나누어야 합니다. 그리고 함께해 나갈 수 있는 방향을 모색하고 실천해 나가야 합니다.

그리고 현재 우리나라 교육 문제의 가장 핵심은 역시 전교조 문제입니다. 전교조 문제의 해결은 우리나라 교육 민주화와 교육 발전의 시금석입니다. 잘못 끼위진 단추는 빨리 첫 단추부터 다시 바르게 끼우는 것이 문제 해결의 원칙입니다.

전교조는 이미 4만5천여 교사가 조합비 및 후원금을 납부하는 현실적 교사 단체입니다. 그 성격이 자주적이기 때문에 우리나라 교육에 실질적으로 가장 큰 영향력을 행사하고 있는 교사 단체입니다. 다른 무엇 때문에 현실을 무시해서는 안됩니다. 따라서 전교조는 아이들과 우리 나라의 장래를 위해서 그 합법화가 빠르면 빠를수록 좋습니다. 이 역사적 대의 앞에 우리 모두는 겸허해야 하고 특히 물꼬를 터주고 방향을 잡아 주어야 할 사법부는 신중해야 합니다. 사법부는 우리 사회의 큰 질서를 세움으로 우리 사회가 올바르게 나아가게 하고 그렇게 함으로 인권을 보호받게 하는 보루입니다. 사법부의 전향적인 결단이 촉구되는 것입니다.

그리고 해직 교사는 복직되어야 합니다. 1천5백여 명의 교사를 일시에 거리로 내쫓고도 '스승'이 어떠니 교권'이 어떠니 해서는 안 됩니다. 교단과 제자를 빼앗긴 지 3

년이 되었지만, 그동안 온갖 어려움 속에서도 굴하지 않고 다시 교단에 설 날만 생각하며 교사의 자부심과 스승의 자존심을 지켜온 분들입니다. 30만 원도 채 안 되는 생계비로 연명을 하면서도, 교사 외의 다른 자리를 생각지도 넘보지도 않는 분들입니다. 아무도 그들에게서 제자리를 빼앗을 수는 없는 것입니다.

전교조는 이제 엄연한 역사요 현실입니다

재판장님, 우리는 반드시 교단으로 돌아갑니다. 그것이 역사의 순리임을 우리가 믿고 있고, 과거의 모든 역사의 교훈이 그것을 증명하고 있기 때문입니다. 최근 '장산곶매'라는 영화 집단이 〈닫힌 교문을 열며〉라는 16mm 극영화를 만들었다고 합니다. 인문계 고3 취업반 교실에서 교사와 학생이 함께 일구어 가는 참교육의 내용으로 진한 감동을 주고 있다고 합니다.

그러나 불행스럽게도 문화부에서 녹음실에 압력을 넣어 녹음 시설을 사용하지 못하게 함으로써, 녹음을 하지 못한 무성 영화 상태로 중단될 수밖에 없었다고 합니다. 문화부를 앞세운 현 정권이 비열하게 헌법으로 보장된 창작의 자유마저 막으며 그 영화를 만들지 못하게 하는 이유가 무엇인 줄 아십니까? 바로 '진실'입니다. 현정권의 무능과 거짓 그리고 부도덕함, 잘못된 교육 정책을 폭로하기 때문입니다. 그리고 그것은 국민으로 하여금 진실을 바로 보게 함으로 진리에 눈뜨게 하는 일이기 때문입니다. '임금님 귀는 당나귀 귀'라는 진실은 아무도 없는 숲속에서 외쳐지지만, 그 진실은 바람이 불 때마다 '숲의 소리침'으로 민중에게 전달되었습니다. 성경에는 '내가 가만 있으면 저 돌들이 소리치리라'라는 말씀이 있습니다.

그렇습니다. 전교조의 진실은 이제 모든 교사와 학생들 그리고 국민들에게 전달되어 봄비 내린 언덕에 풀들이 돋아나듯 솟아오르고 있습니다.

올해 2월에 한 교육 잡지가 조사한 여론 조사에서, 교사의 79%가 교사의 노동 삼권은 보장되어야 한다고 응답하고 있으며, 85% 이상은 전교조 해직 교사는 복직되어야 한다고 말하고 있습니다. 또 최근 총선 당시 국회의원 출마자들의 정책과 관련된 여론 조사에서도 출마자 75% 이상이 교원의 노조 결성은 허용되어야 하며, 77% 이상은 전교조 해직 교사는 원직 복직되어야 한다고 주장하고 있습니다.

부산 동래을구에서 출마한 전교조 해직 교사에게, '김영삼 대통령 만들기'에 혈안이 된 부산 시민들이, 그것도 김영삼의 오른팔이라 할 수 있는 최형우와 맞붙은, 단지 내세울 것이라고는 전교조 해직 교사인 것밖에 없는 박순보 선생님께 무려 30%의 표를 던져 준 것은 무엇을 의미합니까?

〈닫힌 교문을 열며〉라는 영화는 이렇게 끝이 난다고 합니다. 학교로부터 부당하게 퇴학을 당한 학생들은 학교에 들어오지 못하고 닫힌 교문 밖에 서있는데, 빈 책상을 보며 선생님은 '이 아이들이 다 돌아오지 않으면 나는 수업을 할 수가 없다'라고 외치며, 비가 쏟아지는 교문을 향해 걸어 나갑니다. 학교 측 교사들은 선생님을 막아서고, 비는 계속 내리 퍼붓고 있는데, 교문은 닫혀 있습니다. 이 광경을 보고 있던 교실에 있던 학생들이, 선생님을 부르며 달려나와 선생님을 둘러싸서 보호하며, 학생들은 선생님과 함께 닫힌 교문을 활짝 열어젖히고….

녹음을 하지 못해 출연자들이 무대 옆에서 즉석 대사로 만들어 가는 영화였지만, 관람객도 출연자도 함께 영화 속에서 쏟아지는 빗줄기처럼 그렇게 쏟아지는 눈물을 감추지 못하는 마지막 장면이었다고 합니다. 그렇습니다. '닫힌 교문'은 아이들에 의해 열립니다. 우리들이 돌아가야 할 학교의 교문도 아직은 닫혀 있습니다. 그러나 우리는 믿습니다. 이 교문은 다른 사람이 아닌 학생들에 의해, 바로 우리의 제자들에 의해 열리고 있다는 것을, 또한 그것이 우리에게 가장 큰 힘이요 희망이라는 것을 우리는 믿습니다. 그리고 아직도 닫혀 있는 모든 억압과 탄압의 교문인 감옥의 문도 바로 우리 국민들에 의해서, 우리 민중들에 의해서 열리고야 말 것을 우리는 믿습니다.

참교육을 위해 우리는 돌아갑니다

재판장님, 지난 3월 1일, 우리 전교조 해직교사 1천5

백여 명은 '전국해직교사원상복직투쟁위원회'를 결성했습니다. 우리는 참교육의 열쇠를 제자들과 함께 들고, 닫힌 교문을 열기 위해 함께 일어난 것입니다. 그 결성 선언문의 처음은 이렇게 시작합니다.

1989년 5월 28일!

그 빛나는 푸른 5월 하늘에 우리는 벅찬 가슴으로 전교조 깃발을 힘차게 올렸다. 황폐화되어 가는 교육의 대지 위에 영원히 지워지지 않을 '참교육' 세 글자를 온몸으로 새기며, 비로소 역사 앞에 부끄럽지 않은 교사로 당당하였다. 기쁨에 자랑스러웠다. 그리고 투쟁에 나섰다. 그 뜨거웠던 여름보다 더 뜨거웠던 가열찬 투쟁으로 '선생님'은 '동지'가 되었고 '투사'가 되었다. 닭장차에 실리고, 최루탄에 쫓기면서도 우리는 꺾이지 않았다. 노태우 정권이 아이들은 빼앗아 갈 수는 있어도, 우리의 참교육 의지만은 꺾을 수 없다는 결의로, 우리는 결코 굴복하지 않았다. 바로 그 동지들, 그때 그 동지들이 여기 다시 모였다. 해직 3년! 그 세월의 아픔을 처절하게 가슴 가슴 안은 채 어깨를 다시 걸었다. 더이상 아이들에 대한 그리움을 안으로만 삭이고 있을 수는 없다. 이 치미는 분노를 꺾은 채 언제까지 침묵으로만 기다리진 않겠다. 우리는 돌아가야 한다. 아이들이 기다리고 있는 교단으로 돌아가야 한다.

그렇습니다. 우리는 돌아가야만 합니다. 그것은 우리가 교사이기 때문입니다. 우리가 해직되어서도 한순간도 떠나 보지 못한 그곳으로 돌아가야 합니다.

이순덕 선생님, 배주영 선생님, 오원석 선생님, 신용길 선생님, 몸은 흙에 묻어 두고 그 맑은 넋으로라도 가야 할 그곳, 닫힌 교문을 아이들과 함께 열며 우리는 돌아갑니다.

끝으로 이 나라의 자주·민주·통일을 위해 목숨을 바친 열사들과 작년 4~5월 현 정권의 폭압에 온몸으로 맞서다가 가장 귀한 목숨을 바친 강경대, 김귀정 열사를 비롯한 젊은 청년들과, 참교육을 위해 싸우다 그 귀한 생명을 바친 선생님들의 명복을 삼가 빌며, 작년 3월 두 눈은 다른 두 삶을 밝히기 위해 주고, 그 참교육의 뜨거운 가슴은 우리 모두의 마음에 심어 주고 먼저 가신 신용길 선생님께서 생전에 쓰신 '복직에의 꿈'을 같이 읽으며 최후진술을 마치도록 하겠습니다.

벌써 목 죄어 온다.

생계의 어려움

각오하지 아니한 바 아니지만

열두 달 붓던 내 집 마련 주택 청약 예금도 깨지고

식구가 아파도 마음 놓고 병원에도 못 간다.

누구나 잘살기를 원하지. 편안한 삶을 원하지.

하지만 내가 학교에서 가르쳤던 것은 무엇인가.

모두 잘살기가 아니라

나만 잘살기를 가르쳤고

그것이 종내 두려움 되어, 죄짓는 마음 되어

불끈 박차고 뛰어나오지 않았던가.

하나가 아쉬우면 열이 아쉽고

하나가 필요하면 열이고 스물이 필요한 법.

거짓된 삶의 논리에 코 꿰어

삶의 비열함 합리화시키며

굴종과 예속의 교단생활 10여 년

기르는 개에게 밥 던져 주듯

침묵과 굴종을 요구하며

매달 던져 주던 월급봉투에 중독되어

케케묵은 책갈피에서나 발견되는 진리와 양심

그나마 조금씩 갉아먹던 세월.

아내야 눈물짓지 마라

생활이 두려운 것이 아니라

차라리 죽음이 두려운 것이다.

우리의 죽음 뒤에 우리의 사랑하는 아들딸들이

어떻게 살아갈 것 인가를 생각하자.

그 아이들도 집은 필요할 것이고

맛있는 음식도 원할 것이다.

그러나 우리가 사랑하는 아들딸들은

우리와같이 슬픈 역사를 살아서는 안 된다.

아이들의 잠든 이마에 입맞추듯

우리의 이 고난의 세월

사랑하며 살아가야 하리.

그러므로 아내여,

복직은 우리가 마음 약해질 때가 아니라

더 굳세어질 때만 가까이 다가올 것이다.

전국교직원노동조합 만세!

참교육 만만세!

감사합니다.

1992년 4월 15일

피고인 이수호

교사 예수

발행일   2025년 3월 18일

지은이   이수호
펴낸이   최지설
편집   최지설
디자인   Jeon

펴낸곳   사부작북스
이메일   sabujakbooks@gmail.com
전화   070-8065-7771
등록번호   제 2024-000082호 (2024년 7월 1일)
주소   서울시 종로구 옥인동 134번지

ISBN 979-11-988657-3-1 03370
ⓒ 이수호 2025

f ⓘ @sabujakbooks